感情經營 × 親密互動 × 慾望滿足

二十世紀優生學專家瑪麗·史托普斯談婚姻中的「性」

U0082349

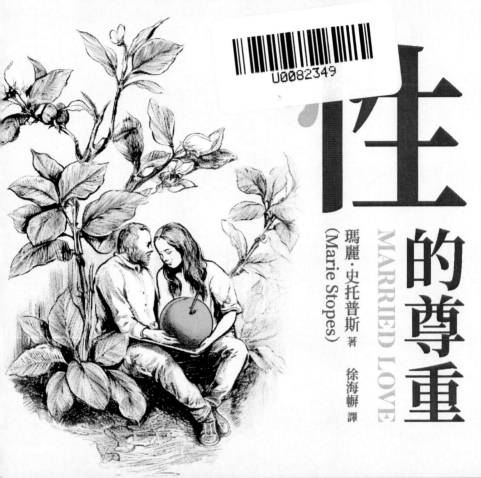

性

的尊重

MARRIED LOVE

瑪麗·史托普斯
(Marie Stopes) 著

徐海幣 譯

婚姻之外充滿了愛情，
婚姻之內卻缺乏足夠的愛情。——威廉·J·羅賓遜

WILLIAM J. ROBINSON

在傳統父權社會中，女人往往被視為男人的附屬品，
不能擁有自己的思想，也沒有人真正在意她們的感受，
夫妻生活只是在履行義務，對性有所期盼簡直是不可饒恕的罪過。

就是在這樣的背景下，卻有一位女性率先打破沉默，
不畏世俗眼光寫下關於婚姻之性的著作，她就是瑪麗·史托普斯！

目 錄

瑪麗‧史托普斯（Marie Stopes, 1880-1958）

自序

　　社會對幸福家庭的需要從來沒有像現在這樣強烈過。今天，婚姻生活遠不如表面看起來那麼幸福。很多在結婚時期等待著快樂降臨的人都極度失望，他們對「自由」的需求越來越強烈，然而大聲哭喊渴望自由的人大多都沒有意識到給自己帶來不幸的，有可能是自己對婚姻的無知，而不是「婚姻契約」。對婚姻的無知，特別是對性的無知，導致很多女性將自己束縛在道德和婚姻制度的形式裡，忽略了內心最真實的靈性需求，遠離了幸福和自由。而這與我們想透過婚姻獲得幸福、提高生活品質的初衷是相背離的。

　　美好婚姻的獲得從來都不是一件容易的事情，實際上這是一項超越自私性或者需要克服精神怯懦的壯舉。人們需要知識，正如目前的很多事情一樣，最缺乏知識的人也是最難以獲得知識的。性生活方面的各種問題都極其複雜，要想解決這些問題既需要自身的覺察和探索，也需要來自科學界的實證研究。

　　對於性的問題，我有一些話要說，據我所知，迄今為止還沒有人提出過這些問題，即使有人提過，也是老調重彈。在我看來，我要談論的這些問題對於希望婚姻美滿的男人和女人十分重要。

　　這本薄薄的小冊子與其說是一份研究紀錄，不如說是作者試圖以一種通俗易懂的形式，向讀者闡釋經過實證研究得出的清晰明確的結果。這些簡單明瞭的調查結果，建立在大量第一手觀察研究、各個階層的男性和女性所吐露的祕密，以及透過廣泛的閱讀收集到的事實依據的基礎之上。有關性問題的大部分著作都會花大量篇幅論述許多人類的變異和反常表現，我在本書中並沒有談及，也沒有討論不可救藥的不幸婚姻中產生的許多問題。

　　對沉默寡言的人和保守的人來說，討論這種最複雜的人類活動似乎顯得有些放肆或者多餘。他們會問：這些事情不都是本能嗎？靠本能去解決還不夠用嗎？答案是：不夠，本能遠遠解決不了問題。在從事人類的其他各種活動中，我們都已經意識到了一點，無法靠本能去解決很多問題。這就是對像我們這樣擁有智力的生物而言，後天接受專業的訓練具有至關重要的價值。沙利白[01] 曾經英明地指出，貓知道如何照顧自己剛出生的寶寶，如何將牠們撫養長大，教會牠們謀生的技能，人類的母親卻不知道該如何照顧寶寶，除非她接受過這方面的訓練，無論是直接接受訓練，還是透過快速地觀察。貓憑藉著本能履行簡單的職責，而人類的母親必須接

01　譯注：凱萊布‧威廉斯‧沙利白（Caleb Saleeby, 1878-1940），英國醫生、作家及記者，以支持優生學而著稱，在「一戰」期間擔任糧食大臣的顧問，呼籲政府建立衛生部。

受訓練才能履行非常複雜的職責。

　　微妙而複雜的性也是如此，甚至更是如此。在當今的文明社會，人們已經忘記了對兩性的需求深奧原始的理解，在性的問題上打破沉默的就只有個體之間模糊不清、令人迷惑的閒言碎語，這些交流不是令人羞紅了臉，就是下流粗俗。在世界各地，在保持著優良傳統的家庭中，青年男女或許能對婚姻中的神祕之事略知一二，但是絕大多數人都對人類最高級的藝術 —— 愛與婚姻的藝術 —— 一無所知。甚至在高級生理學和醫學的書籍中，知識的空白、忽略的內容，甚至是錯誤的說法都達到了驚人的數量。

　　在我自己的婚姻中，對性的無知 [02] 令我付出了極其慘重的代價，因此我認為以這樣的代價獲得的知識應被用來服務全人類。在這本書裡，健康的普通已婚人士將讀到每一個人都應該但是又沒能掌握的知識，這些知識也許能夠幫助他們避免長年累月的悲傷以及在黑暗中的盲目摸索。

02　編注：瑪麗‧史托普斯 30 多歲才結婚，婚後發現丈夫性無能，她驚詫於性知識的重要性，遂寫作了本書。這種經歷和《波蘭愛經》（又稱《性愛的藝術》）的作者米夏琳娜（Michalina Wislocka）幾乎一樣，後者跟志同道合的丈夫結婚，發現丈夫非常注重性生活，而她卻著迷於學術研究，為了平衡兩個人的需求，米夏琳娜介紹閨蜜旺達（Wanda）跟丈夫認識，於是一段奇怪的婚姻生活開始：米夏琳娜跟丈夫討論學術，閨蜜則跟自己的丈夫做愛。後來，為了繼續平衡生活，米夏琳娜在旺達懷孕後也懷孕了，直到丈夫向旺達求婚，米夏琳娜才突然發現這種方式根本解決不了性與愛的問題。於是，她和丈夫、閨蜜各自分開。離婚後的米夏琳娜後來遇到了一個水手，經由對方，她發現了自己身上潛藏的慾望，而對方因為有家室不可能跟她結合。這兩段經歷促使米夏琳娜寫出了《波蘭愛經》，改變了無數波蘭女性的命運。

婚姻之外充滿了愛情，婚姻之內卻缺乏足夠的愛情。

———威廉‧J‧羅賓遜（William J. Robinson）

第一章　内心的慾望

　　她告訴了他，自己對愛的理解，很多人都會提到「愛」這個字，但是沒有多少人對它做過解釋。他對她還有一些沒有釋懷的想法，但是面對她，他感到「愛」這個字意味著我們活在世上的一個新起點，是扎根於極其惡劣的土地上的樹，生出了更健康的新芽：兩個人的意識流淌出鮮活的汁液，兩個人的頭腦相依相伴，兩個人的靈魂也充分地合而為一了。事實上，就是世間的男男女女所擁有的幸福未來，這樣的未來神聖地預示著超越幸福的事情——在禁慾的岩石和肉慾的漩渦之間，我們的本質緊密地結合在一起，我們加速創造出某種更高貴的生物，眼下只存在於十分模糊的想像中的生物。

　　　　　　　——　喬治・梅瑞狄斯（George Meredith）
　　　　　　　　　《徬徨中的黛安娜》

　　每一顆心都渴望伴侶。出於某種我們無法理解的原因，大自然創造出的我們是不完整的，男人和女人都無法了解人類在所有活動過程中所能體驗到的歡愉，男人和女人也都無法獨自創造出一個人。男人與女人在構造上的不同，影響生活的各方面，將改變生活的本質。每個人在內心深處最渴望的莫過於和另一個人的結合，透過這樣的結合讓自己成為一個完整的人。

　　除非先天遺傳了墮落的或者病理性的癖好，否則年輕人

的身上都會迸發出人類古老的慾望，這種慾望具有一種純潔原始的美。

在當今社會，謀求更高目標或者有意識地背離常規社會生活的人，相對來說寥寥無幾。絕大多數人 —— 包括男人和女人 —— 經過一段時間的等待或者探索，或者在幾個迷人的對象之間猶豫不定一段時間之後，都會「安定」下來，結婚成家。

面對無望獲得幸福的婚姻，只有極少數人會保持悲觀的態度。至於大多數年輕人，無論他們在口頭上如何否認，也無論他們多麼努力地裝出一副憤世嫉俗的模樣，試圖掩飾自己不堪一擊的希望，容光煥發的神情和充滿喜悅之情的舉止，都表明他們很清楚自己正在進入一個全新而光榮的階段。

未婚夫和未婚妻親吻著彼此，觸摸著彼此的手，這其中散發著如同葡萄酒一樣能夠令血脈賁張的激情和興奮。兩個人讀著詩歌，痴迷地聽著和他們的脈搏節奏一致的音樂，看著彼此眼睛中映射出的美麗世界。在這樣妙不可言的陶醉中，他們自然而然地會認為自己就站在新生活的門口，自己即將擁有靈魂合而為一的體驗。

所有人或多或少都渴望靈魂合而為一的體驗，但很多時候我們有可能在各方面取得了成功，但是由於缺少了真正的

配偶，依然只能過著一種彷彿靈魂被截肢的生活。愛德華加本特[03]曾經對這種渴望做過一番優美的闡述：

世上應還存在著另外一個人，面對他，自然而然地就會出現坦率的交流，你將對他無所隱瞞，他的身體的每一部分都和你自己的身體一樣珍貴，和他在一起，面對財產的問題你將不再會有你我之分，你的思想會自然而然地和他的思想交融在一起，可以說兩個人的頭腦彼此相識，並且接收到了新的覺悟，所有的歡愉、悲傷以及對人生的體驗都會在你們之間自發地產生共鳴，這樣的伴侶或許就是一個人最寶貴的願望之一。

——《愛的成年》

這樣的充分結合本身就是人性最完美的展現，但是有可能拿到這本書的人會提出異議，認為自己從未對這樣的結合產生過最原始的渴望。果真是這樣的話，有可能他並沒有意識到自己承受著一種真正的疾病折磨，這種病被稱為「性麻木」。這個術語專指先天性的性冷漠，患者缺乏大多數人對溫存之事的衝動，通常也都意識不到自己的問題。有的讀者偏離常態，存在著更根深蒂固的原因，在這種情況下，他們

03　譯注：愛德華・加本特（Edward Carpenter, 1844-1929），英國社會主義詩人、哲學家及文選編者，支持同性戀權利的活動家。

不會對多數人做出評判，而是會閱讀福雷爾[04]、哈夫洛克·靄理士[05]、布洛赫[06]或者克拉夫特－埃賓[07]等人的著作，以便對自己的天性有所了解。他甚至有可能會發現在形形色色的人群中，自己屬於哪一類。他不需要閱讀我的這本書，因為這本書的寫作對象和受眾，都是普通類型的男女，都是認為自己是不完整的、渴望和另一半結合在一起的普通人，這樣的結合讓他們各自的生命變得完善、豐富起來，而且還能讓他們有資格履行創造新生命的神聖職責。

　　某些個體不僅能夠戰勝自己天生對配偶的渴望，而且還能將單身主義當作更高級的理想，在人類的歷史長河中，這

04　譯注：奧古斯特·福雷爾（Auguste Forel, 1848-1931），瑞士神經解剖學家、昆蟲學家、精神病學家，極其關注酒精對人身體的有害作用，專心治療嗜酒者，提倡徹底戒酒。福雷爾對人腦解剖學的研究成果比較顯著，不過，他最主要的興趣是對昆蟲，特別是對螞蟻的研究。他還是歐洲知名學者和性教育學家，特別重視科學的性知識的傳播，為普及性知識和性教育不遺餘力。

05　譯注：哈夫洛克·靄理士（Havelock Ellis, 1859-1939），是 19 世紀末至 20 世紀初英國著名的性心理學家、思想家、作家和文藝評論家。作為具有劃時代意義的科學家，他終身從事人類性科學和性心理學研究，致力於探究性和人類精神世界之間的關係，是性心理學研究的先驅。

06　譯注：伊萬·布洛赫（Iwan Bloch, 1872-1922），德國醫學家、現代性學的奠基人之一。1906 年，因首先創造了德語「性科學」（Sexualwissenschaft）一詞，為性的研究正式命名，被譽為「性學之父」。他一生著述頗豐，研究內容十分廣泛，包括性變態現象、性病歷史以及同性戀的問題。

07　譯注：理查·克拉夫特－埃賓（Richard von Krafft-Ebing, 1840-1902），奧地利精神病學家，性學研究創始人，早期性病理心理學家，以研究催眠術、犯罪學和性行為而著稱。他的《基礎精神病學》教科書曾引起爭議，正是這部教科書影響了卡爾·榮格（Carl Jung）選擇精神病學作為自己的專業。問世於 1886年的《性病態心理學》是克拉夫特－埃賓最著名的著作，這一年被公認為現代性科學的肇始之年。這本書的出現象徵著醫學對人類性生活干預的開始，打破了基督教會在該方面的壟斷訓導地位。

樣的個體並不罕見。透過最優美的表述方式和最崇高的宣言，單身主義的理想宣揚著一種普世的「大愛」，而不是僅限於家庭和孩子的「小愛」。許多聖人、賢哲、改良家和教條主義者都按照這樣的理想塑造著自己的生活。然而，這種個體不能成為人類的標準典範，因為他們背離了人類的主流 —— 他們這樣的枝條可能會綻放出花朵，但是不會結出有形的果實。

在這個世界上，我們的靈魂不僅能滲入有形的肉體，而且只能透過這樣的媒介展現自己。只要我們人類擁有肉體，我們的肉體就必然會遵循化學、生理以及精神的法則。

如果全人類最終將徹底消除肉體視為理想，顯然我們很快就會發現自己的生存環境被徹底改變了，我們自己也即將消失。

同時，我們還是人。我們所有人都按照法則生活著，我們對其中的一些法則已經有所認識，但是對很多法則依然一無所知。能夠順應我們人類自身深奧的自然法則 —— 無論他是否意識到了這一點 —— 讓精神得到來自肉體的大量幫助、盡可能少受到肉體的干擾，這樣的人就是最完整的人。一旦自己棲居的肉體遭到濫用和嚴重虐待，我們的頭腦，或者說靈魂，就無法充分地展現自己。由於無知或者自我放縱而違背基本法則的話，我們內心深處的和諧就會發生紊亂。

狹隘的禁慾主義致力於透過摧毀肉體的本能 —— 而不是對其加以利用 —— 來促進精神的發育。

然而，我要說我們一直在對物質世界施加影響力，有時候物質世界完全能夠展現出我們的精神世界。我們的肉體自古就有一套屬於自己的法則，妄想戰勝這套法則未免過於傲慢。試圖這樣做的人會不知不覺地喪失最美好的變化，神奇的新生命就誕生於這樣的變化過程中。

打個比方吧 —— 或許可以將兩個人比喻作兩根帶有電流的電線。如果將兩根電線分開的話，電流仍然會不間斷地在它們各自的體內傳輸，但是如果這兩根電線被合併在一起，電力就會發生本質的改變，它們之間會冒出火花，閃現出點亮的燈會發出的光芒。愛就是這樣的。

愛人質樸、膚色迷人的肉體，使得我們的動物本能驅使我們渴望得到它 —— 不僅會產生新的有形生命的奇蹟，而且還會擴大共情的範圍，增加精神上的理解，僅憑自己的力量，人是永遠無法實現這些變化的。[08]

閱讀了這本書的很多人或許都清楚地感覺到自己和伴侶只發生了肉體的結合，而沒有體會到前文所描述的這種精神上的陪伴，甚至沒有獲得過正常的肉體愉悅感。造成這種狀

08　編注：這就是前面所述婚姻需要克服自私性和精神怯懦的原因。性不僅能產生新的生命，而且還會讓我們得到精神上的營養，促使我們向內探索自己。

況的原因只可能是他們有意無意地違背了某些主導著愛情的深奧法則。只有學會了如何正確地握著弓，你才能用小提琴拉出優美的旋律。只有遵從底層的法則，你才能上升到更高的層次。

第二章　破裂的歡愉

　　夢想獲得幸福，認為終有一天他們能從對方那裡得到永恆的理解和溫柔，很多年輕男女懷抱這樣的想法步入了婚姻的殿堂。

　　一開始，也就是被普遍稱為「蜜月期」的階段，夫妻之間那種陌生的、可以感知到的自由感和甜蜜感會讓雙方感受到實實在在的幸福。這種幸福感會持續多長時間？總體而言，持續的時間遠遠短於大多數人所宣稱的時間。

　　在結合之初的喜悅中，兩個年輕人都意識不到自己對彼此相處的基本法則知之甚少甚至一無所知。性的吸引力（不只存在於人類中間，在動物世界無處不在）取決於結合在一起的兩個人之間的差異，他們很有可能在不知不覺中認可了這些差異，然而正是當初將他們吸引到一起的這些差異，現在開始發揮破壞作用了。不過，只要他們不斷獲得新的發現，新發現帶來的興奮和喜悅維持著他們相愛之初以為能夠心意相通的錯覺，他們就會擁有瞬息萬變、十分快樂的體驗，因此他們無法意識到自己的腳下並沒有堅實的基礎。就連最幸福的夫妻在宗教、政治、社會習俗等問題以及對普通事物的看法上也會存在分歧，但是只要夫妻雙方都足夠善良、耐心和聰明的話，他們最終還是能適應彼此，畢竟面對各種問題，雙方還是具有對話基礎的。面對夫妻關係的各種能夠預想到的問題，人類的看法千差萬別，但是至少人們會對這些問題

加以考慮和剖析，一代又一代人不斷地討論著這些問題。

然而，對於非常基本、非常關鍵的性的問題，我們卻缺乏認識，這種知識的缺乏不僅普遍，而且非常嚴重，就連在這個領域開展相關研究的、屈指可數的幾位開路先鋒都曾深陷於迷霧和神祕的黑暗世界中。兩個年輕人開始體會到本質上的分歧帶來的痛苦，他們甚至都沒有意識到分歧的存在，對於這些分歧，他們也幾乎毫無希望從對方那裡得到一個合理的解釋。看到自己的幸福似乎黯淡或者破碎了，幾乎所有人都會認為自己屬於例外情況，他們會想起自己的某位朋友 —— 他們確信後者獲得了自己錯失的幸福 —— 以此得到慰藉。

人們普遍認為幸福的人就如同幸福的國家，從來沒有不幸福的時刻，其實那是因為他們對自己的事情閉口不談。在很多人眼裡，喜歡談論自己婚姻的人大多都沒能獲得期望中的幸福。對大多數人而言，這種論點或許符合實情，不過這並非是絕無例外的永恆真理。世上還有一些人，無論是在外人還是自己的眼中，都很幸福，但是他們還是會在無意之中向外界暴露出掩埋在心底的失望，這樣的失望給他們內心的寧靜蒙上了一層陰影。

普通人的婚姻很多時候存在著一個令人驚訝的可悲的事實：有相當一部分婚姻不再像結合之初那樣充滿生機，都在一定程度上陷入了不幸的境地。

　　多年來，許多男性和女性向我透露了他們在生活中的祕密，在所有的夫妻中，希望獲得快樂的婚姻少得可憐，即使是透過努力就可以實現的快樂。

　　其中很多夫婦在外界和親屬的眼中，甚至是相親相愛的伴侶看來都擁有著無比幸福的婚姻，但是對比較敏感的夫妻來說，他們的婚姻是祕而不宣的悲劇。

　　絕大多數受過教育的女子都有著本身的可愛，雖然這種可愛之中帶著無知。最先製造出「古琴上的細小裂痕[09]」的往往都是男人，不過男女雙方幾乎會同時感受到來自婚姻的痛苦。男人對自己的錯誤絲毫意識不到，甚至有可能根本不知道自己犯了錯，他只是對女人難以言說的痛苦感到迷惑和痛苦。根據我自己的經驗，在婚後最初的一段時間裡，年輕男性甚至比女性更敏感、更浪漫，更容易對日常之事感到痛苦，在步入婚姻殿堂的時候男性比女性或者成熟的女人更期待精神和肉體的結合。但是，男性會比自己的配偶更快地對婚姻生活變得遲鈍起來，更快地產生憤世嫉俗的心態，也更容易認為幸福只是不切實際的白日夢。

　　同時，女性對婚姻生活的失望會比男性出現得晚一些，婚姻中的性生活對女性造成更大傷害的機率也高於男性，這

09　譯注：這句話出自英國維多利亞時代的著名詩人丁尼生（Alfred Tennyson）的詩〈相愛〉，全句為「古琴上的細小裂痕，日積月累，音調難以調和，琴聲終將徹底寂滅。」

種傷口慢慢地吞噬著女性的內心。

也許，幸福是無數基本要素組成的一個統一體，這個超級綜合體卻面臨著無數破壞性因素的攻擊。

面對心懷好意、心態積極的年輕夫婦，我也沒有必要詳細論述酗酒、縱慾和更加殘酷的自私行為所具有的、顯而易見的危害性。我們必須討論的是那些不太明顯的違背基本法則的行為。通常，最大的悲劇莫過於兩個年輕人都沒有意識到這種基本法則的存在。正如自然界的其他問題，對於婚姻問題違背法則的人都將受到懲罰，無論他是否知道自己違背的法則存在與否。

在當今社會，人們普遍比較無知，認為即將攜手步入天堂的兩個人之間出現了問題的第一個徵兆就是孤獨感的產生，人們認為自己的感覺對方應該感受卻沒有感受到，當然他們也無法理解對方的需要。日常瑣事往往最容易顯示出深植於我們最基本的天性中卻不為人所知的某種因素。女人或許會為了一些小事抽泣上幾個鐘頭，這種事太無足輕重了，她甚至都不好意思向朋友提及；男人原本以為自己已經和靈魂伴侶開始了一場漫無邊際的冒險，但會發現面前顯然存在一道屏障，在屏障另一頭的她似乎令人費解或者過於孩子氣。

接著，夫妻雙方的肉體、頭腦和靈魂之間存在的那種神祕的相互連繫變得那麼奇怪，以至於由於對婚姻雙方所承擔

的雙重職責，以及保證雙方能夠和諧共處的基本法則一無所知而犯下的錯誤，婚姻的大平原上冒出了五花八門的懲罰，相互接觸的土壤裡不斷地自動滋生出新的誤解，層出不窮的誤解。每一顆心遲早都會隱隱地產生出無盡的孤獨感。或許有人會對此持強烈的反對意見，認為這種論點過於籠統。但是，這個論點至少來源於大量的實際案例。有些女性的婚姻生活，在所有人看來都是人類幸福生活最極致的展現，然而我卻從一部分這樣的女性嘴裡聽到過她們掩埋在心底的痛苦，這些痛苦都是她們絲毫不曾向丈夫透露過的。許多男性或許知道應該如何在心愛的妻子面前隱藏起無聊失望的感覺，這種感覺或許是妻子在婚姻生活中表現出的冷漠造成的，或許是因為他感到妻子的內心存在著某種難以捉摸、令他無法理解的東西。

現今，其他國家出現了許多的「運動」，很多人鼓起勇氣宣稱自己的婚姻是一個錯誤。很多人都認為僅僅透過解除婚姻的契約，允許對方和自己與其他人重新開始，人們的生活就會變得和諧、幸福。持有這種論調的改革者忘了一個事實：如果一個人對於如何和伴侶一起創造偉大美好的婚姻一竅不通，他或者她也不太可能和另一個人創造出偉大而美好的婚姻。只有滿懷敬畏地對愛的藝術進行仔細研究，產生連繫的兩個生命才能展現出愛情美好的一面。

一旦學會了愛的藝術，你還需要花時間進行練習。正如愛倫凱[10]所說的那樣，「愛需要和諧，愛也有夢想，愛不可能靠著我們閒餘的一點時間和性格存活下來」。

　　今天，人們生活在輕率、喧鬧的混亂狀態中。無疑，在這種環境下愛不僅已經失去了大部分的魅力和優雅的風度，而且還失去了一個至關重要的要素。女性往往遠比男性更普遍地感知到輕率所造成的惡果。過於刺激的城市生活往往會「加速」男性的反應，但是會減緩女性的反應速度。更糟糕的是，即使有充足的時間做愛，在當今充斥著電視機和電影院的城市裡，寧靜浪漫地談情說愛的機會要低於在森林或者花園裡。在森林或者花園裡，扯一把迷迭香或者薰衣草或許就能為一對愛侶製造出甜蜜的藉口，讓他們有機會延緩並加深激發對方熱情的過程。現在，肉體的熱情 —— 在男性的身上很容易被點燃 —— 往往會壓倒一切，粗野的男性只看到一件事情 —— 慾望的滿足。天性使然，女性會原諒這樣的粗魯行為，但是遲早她們的愛會開始反抗，一開始有可能只是在心裡進行反抗，然後就變成了永久性的排斥，儘管她們有可能會強迫自己擺出一副溫柔的模樣，實際上她們對性愛行為只會感到不屑和厭惡，而性愛原本應該是一種不斷出

10　譯注：愛倫凱（Ellen Key, 1849-1926），瑞典作家、婦女運動活動家，是 20 世紀初歐洲著名的女性主義理論家、社會問題研究與兒童教育家，著述頗豐。

現、永遠能帶給人喜悅和沉醉的活動。

　　現在，許多人都出生在虛假的環境中，並且在這樣的環境中被撫養長大，就連性愛行為應帶給人歡愉這個最基本的事實都不了解。哈夫洛克·靄理士在書中（《性心理學》第 6 卷，1913 年，第 512 頁）引述過美國一位傑出的婦科醫生所做的一個驚人論斷：「我不相信在性活動的過程中，雙方是否能夠帶給彼此快感和生活是否幸福之間存在著特定的連繫。」這或許是一個極端的例子，但是醫學界的很多傑出男性 —— 包括婦科醫生和生理學家都對人類性生活最深奧的一些事實一無所知，或者有著錯誤的認識，因此普通的青年夫妻最終會破壞甚至毀滅原本可以陪伴他們一生的歡愉 —— 無論他們看起來多麼有希望 —— 也就不會令人感到驚訝了。

第三章　女性的「任性」

　　哦！我能想像到世上會出現那樣的人，只是我活不到能夠證明這一點的那一天了。無論心情如何，無論頭腦出了怎樣的問題，無論想像自己為了怎樣的原因受到了屈辱，也無論對歡樂產生了多麼美妙的幻想，我都將求助於她。我一直在試圖對一、兩位女士進行教育，以便她們出於友誼向我提供這些幫助，可是至今我還是沒有資格宣稱自己取得了成功。

—— 羅伯特・赫里克[11]

　　男人懷著期待，結婚時有什麼樣的命運在等待著他呢？一個非常適合他的女孩？他渴望自己和對方都能擁有終生的幸福。結婚時，他決意實現雙方父母、妻子對他的期待。在小事上他思慮周全，他溫文爾雅絕不言行粗魯，他和新婚燕爾的妻子同進同出，一起讀書，也許還會一起共事，最後一種屬於極端情況。但是幾個月或者幾年的婚姻生活後，無論男人還是女人都似乎疏遠了彼此，男人發現妻子經常表現出一副冷漠、難以理解的模樣。如果他是一個善良的人，他甚至不會對自己的好友承認這一點，只有他自己知道心裡有多麼痛苦。

11　譯注：羅伯特・赫里克 (Robert Herrick, 1591-1674)，英國資產階級時期和復辟時期的「騎士派」詩人之一。「騎士派」詩歌描寫的主要是宮廷中調情作樂的情景和騎士為君殺敵的自豪，宣揚及時行樂。赫里克傳世的約 1,400 首詩分別被收錄在《雅歌》(1647 年) 和《西方樂土》(1648 年) 中。

有時候，他也許會放聲大笑，懷著最友好的態度將妻子的如此表現調侃一番。所有人都會認為他是將深深的愛隱藏在了玩笑中。事實有可能的確如此。然而，一條令人厭惡的小蟲子正在他的心裡啃噬愛的根基，他感到妻子是一個任性的人。他認為有時候她冷漠得令人費解，有時候他「什麼也沒有做」，妻子就擺出一副眼淚汪汪的模樣，這種模樣連妻子自己也無法對其做出解釋。

　　有時，他在床上表現出的溫存、浪漫、挑逗令她露出了笑容，他以為妻子變了，可是幾天後，同樣的溫存，甚至是更加熱情的溫存卻遭遇到了妻子冷漠的眼神或者是強裝的熱情。雖然他對此不置一詞，但是他的心感到了劇痛。這種無法解釋的強烈的痛苦，往往意味著愛情走向了結束。男人總是習慣性地認為自己理解愛人。

　　這種狀況持續了一段時間後，如果男人是善妒之人，他就會對妻子的熟人審視一番，看一看她有沒有在跟某個人交往，有沒有人暫時令她分心了。將自己在妻子面前的失敗歸咎於競爭對手的出現，對男性來說似乎是合乎情理的反應。當妻子的冷漠令他一頭霧水的時候，有些時候他會覺察到自己的愛、自己的慾望如同數日前一樣強烈。他非常了解自己的慾望，他相信自己的愛堅定不移，他清楚地感到她的美麗在他的心底激起了浪漫的激情。他也許還記得就在數日前自

己的熱情喚醒了她，促使她做出了回應。因此，他得出了在自己看來絕對正確、合情合理的推斷：肯定是出現了一個競爭對手，不然就是他的妻子生性古怪、反覆無常。也許兩個原因兼而有之 —— 這種想法令人發瘋。

面對女人反覆無常的性格，男人基本上都沒有多少耐心。即使他付出最大的努力，女人的古怪也會讓其付諸東流。女人的任性是 —— 或者說貌似 —— 理性的對立面。理性是男人最寶貴、最來之不易的能力，正是理性讓人類從野蠻的生物中脫穎而出，男人無法忍受理性受到赤裸裸的無視。

妻子缺乏符合邏輯的美好的理性，這樣的缺陷令男人感到痛苦。他必須徹底粉碎這個念頭。

接下來，強烈的愛令妻子感到痛苦，這種狀況令他痛苦，同時也感到迷惑不解，因此男人有可能就會克制自己的慾望，竭力地取悅她。他或許會問：有關性的書籍會提倡男性克制自己嗎？他讀著寫給青年人的指南，在書中看到了要求男性普遍「克制自己」、「自我控制」之類的詞句，這種要求大多都是不合理的。接下來他可能會減少表達溫存的次數，努力工作到很晚，而不是親吻妻子的手指、擺弄她裙子上的蕾絲花邊。

如果他恪守這些訓條的話，接下來他或許就會發現她依然是一副不滿足或者受傷的模樣，這種狀況令他感到委屈和

驚訝。他滿懷溫存地渴望理解妻子，在最好的青年男性身上這種渴望非常強烈，他懇求她、哀求她、寵著她，無非是為了說服妻子略微解釋一下她為何又如此不滿的原因。結果，他吃驚地發現對方又受到了傷害，因為他沒有做出近來令她排斥的那些挑逗的舉動，因為他在拚命用頭腦壓抑自己的渴望。

他絕望地自問道：男人究竟應該怎麼做？如果他是一個聰明的人，他很有可能會狼吞虎嚥地讀完每一本能找到的有關性的書籍。但是在這些書籍中，他不太可能找到真正有用的指導。透過這些書籍，他會了解到幾乎每一位作者都會提出「克制」這條建議，但是作者的性格各有不同，他又會發現對不同的作者而言，「克制」有可能意味著每週和妻子進行房事不超過 3 次，也有可能是每個月僅能進行一次，甚至從不做愛，除非為了確保孩子的到來。他找不到建立在自然法則基礎上的合乎理性的指導。

有些男性的性格決定了他們接下來就會開始「克制」自己。

有可能，在夜幕降臨後拚命克制著自己的時候，男人又會在無意中發現妻子在孤獨的枕頭上落著淚水。實際上，在所有的婚姻中，這種情況會出現一次或者很多次。

他會直接向朋友們 —— 也許還會向醫生 —— 求教。可

是，在這個問題上，醫生或者朋友們能比歐洲一流的權威人物更有發言權嗎？在福雷爾所著的《性的問題》中，他讀到了如下的建議：「改革者路德（Martin Luther）[12] 是一個務實的人，他制定了在性能力最旺盛的時候每週兩、三次房事的一般性原則。我要說，作為醫生，透過大量的觀察，我發現事實基本上都證實了這條原則是正確的，在我看來這條原則似乎非常符合男性在數千年的進化過程中，已經逐漸適應的自然狀態。然而，認為這是平均數不可更改的丈夫們找錯了藉口，實際上一個正常的男性完全可以克制自己更長的時間，在妻子患病、來月經或者懷有身孕的時候，他都有義務這麼做。」

這條建議描述了一種很高的生活標準，在接受這條建議的時候，很多男性都不會仔細思考一番。相反，很多人在自我壓抑的問題上不僅願意遵循這個平均數，而且還會走得更遠，以求自己的心願化為現實 —— 讓配偶獲得幸福，隨之也讓自己獲得生活的快樂。

無論男性多麼願意走得更遠一些，有一個重要的問題始終擺在他們的面前 —— 自己能走多遠？

世上有無數人都急不可耐地想要引導人們走向各個不同的方向。年輕的丈夫或許會將各種方式都嘗試一遍，最終看

12　編注：這裡應該指的是 16 世紀歐洲的宗教改革者馬丁路德。

到妻子依然是一副不滿足、令人費解的模樣。這樣一來他或許就會感到灰心喪氣，他厭倦了，而她則無精打采、一臉漠然地接受了自己作為妻子的「天職」。他的內心感到憤憤不平，他想著，要不是她如此任性的話，他們現在應該依然過著幸福的生活。

很多作家、小說家、詩人和戲劇家都將人類生活最大的悲劇歸因為女性令人難以捉摸的任性。比較友善的作者會面帶笑容 —— 也許有些居高臨下的成分 —— 告訴我們女人比男人更依賴本能、更幼稚，不如男人那麼明白事理。心懷不安的作者則會對女性的「任性」進行諷刺、斥責或者嘲笑，實際上他們對這種「任性」毫無認知，這種「任性」令他們感到挫敗，在他們的眼中這似乎只是一種荒謬愚蠢的行為。

那些在宇宙各處尋找自然法則的人竟然如此忽視這個至關重要的問題，這一點似乎很奇怪，畢竟我們對這個問題的關注遠遠超過了為植物命名和採集昆蟲這些事情。本質上，女性並不任性。如果能夠對現存的理論進行質疑，人們也許早就對女性的本質有所了解了。然而，相較於質疑既存的理論，衝著女人聳聳肩、笑一笑，把她們視作缺乏理性、反覆無常的生物更容易做到，也遠比前者更符合普遍的社會結構。

男性或許會模模糊糊地意識到生活的美好來自於男人和

女人之間的性差異，於是他們選擇了容易接受的說法，即男女的差異就在於女性的任性。此外，由於將冷漠 —— 即使最熱情的女性有時候也難免表現出冷漠的樣子 —— 僅僅歸咎於任性，男性就在無意中為自己找到了強迫女方配合自己的合理依據。

事實上，迄今為止探險家和科學家、歷史學家和統計學家、詩人和畫家基本上都是男性。因此，女性在性生活中扮演的角色幾乎毫無話語權。女性一直滿足於竭力按照男性的意願塑造自己的體型，每當產生自然而然的感覺或者深刻的見解時，女人就會將其扼殺。

大部分女性始終不曾清楚地了解到，但是很多人模模糊糊地感覺到了這一點 —— 女性的天性就在於順應自然的節奏，男性對自然節奏的掌控幾乎比他們對潮汐的控制力強不了多少。大海會征服、統治男性，嘲笑他們試圖克制自己的野心，而女性則一直在向男性身體的慾望屈服，無論她們的身體有著怎樣的反應，男性只會根據自己的意願決定是否接近她們。有時候，女性的身體會抗拒男性 —— 每月一次的月經、十月懷胎以及十個月後孩子降臨人世 —— 這些必不可少的生命週期太強大了，男人根本無法掌控。但是，就連女性在性方面比較輕微的漲潮和落潮，男性也沒有注意到，或者說毫不關心。

一個人在潮水退去、波濤平息後來到沙灘上，他原本指望著充滿深藍色海水的地方現在只剩下了沙子，無法下水的他這時是否會怒氣沖沖地說大海很「任性」？

　　女性交出了作為犧牲品的肉體，可是她的性慾已經退潮了，面對這樣的冷漠，就連最溫柔的新郎都只會認為唯一的原因就是女性的任性。

　　這個問題還存在著另外一面，也許社會對這個方面更缺乏考慮。有時候，滿懷愛意的女性處在性慾的高峰期，她們的丈夫卻沒有發現她流露出的熱情。在我們這個無精打采的虛假的時代，男性的慾望常常只是一種表層需求，很快就可以得到滿足，隨後也很快就會變得蒼白黯淡、失去迷人的魅力，男性往往對性愛活動所具有的豐富內涵缺乏了解，而對愛依然感到神祕的新婚男女，都會對這種豐富的內涵感到欣喜。面對這樣的丈夫，女人們或許的確會顯得蠻不講理、喜怒無常，或者心懷怨恨，而且毫無理由。

　　女性的身體湧起了奇妙的潮水，人類自古以來的無數性愛經驗 —— 在鮮花的包圍下悠閒地進行性愛活動 —— 為這股潮水賦予了芬芳的氣息和豐富的內涵，在這股潮水的驅使下，女性產生了釋放心中的喜悅和自我表現的衝動，只要男性能夠主動邁出一步，或者發現並且接受她體內的這股潮水。很少有女人 —— 身為妻子的女性就更是寥寥無幾 ——

勇於面對內心遭受重創的風險，如果她主動以迷人的方式愛撫對方，而對方卻沒有做出回應的話，她就會遭到這樣的傷害。面對新婚的丈夫，女性能夠透過許多微妙的細節告訴對方自己正處在高峰時期，他應當欣喜地抓住這個機會。但是，如果丈夫對這些跡象視而不見，她也只能保持沉默，壓抑著自己，由此必然會產生對自己的輕視，隨後就會對一邊談論著自己的「愛」、一邊卻將她置於如此境地的男性產生怨恨。

　　男性對愛的藝術的基本要素知之甚少，因此 G 夫人的情況並不罕見。G 夫人的丈夫習慣寵愛妻子，頻頻與其進行性活動，然而他始終不願花精力激發她的性慾情緒。結婚的時候 G 夫人還是一個純真的女孩，可是她總是感到丈夫的愛缺少了某種東西。對於她的身體，除了嘴唇和臉頰，丈夫從來不會親吻其他部位。有一次，當她的慾火達到了巔峰的時候（她對此毫無意識），她產生了一種觸摸他的腦袋和雙唇、將其緊緊地貼在自己的胸部的強烈渴望。女性的雙乳和性生活的其他方面之間存在的這種敏感連繫已經得到了充分的承認；此外，滿懷愛意的女性對尚未孕育出的孩子充滿了詩情畫意、十分美妙的渴望，這種渴望和她對愛人模糊的溫存之情交融在一起，他的雙唇溫柔觸摸就能在她的體內激發起一種成分複雜的喜悅感。G 夫人羞於向丈夫提出要求，

所以她的丈夫只是蜻蜓點水般地在她的胸部親了一下，之後就再也沒有重複過這種舉動了。他太無知了，根本不知道親吻、用嘴唇溫柔地撫弄女性的乳房是一種最基本、最可靠的輔助手段，足以幫助她做好和他實現一次滿意而充分結合的準備。他就這樣抑制住了她自然迸發的慾望，同時他又從來不會採取任何手段激發她的慾望，因此在夫妻生活中，她始終獲得不了肉體上的快感。這種過於拘謹或者說是粗心大意的丈夫只滿足於自己的慾望得到了滿足，對妻子強壓在心底的痛苦甚至是怨恨幾乎毫不知情，這樣的痛苦和怨恨有可能會徹底吞噬掉妻子在性生活中的快樂。

但是，在很多婚姻中男性也同樣成了社會習俗的受害者，這樣的社會習俗讓性知識成了女性的禁忌。

女性對自己的身體和未來的丈夫缺乏了解，被認為是花朵般的純真品德，這種觀念是人們對社會生活的一種傳統認知。這種觀念有時候會在壓力下發展到極致，以至於在一個社會中，在結婚時尚不知道完婚後自己和丈夫的肉體就要發生關係——和她和親生兄弟之間的肉體接觸有著本質的區別——的女孩不在少數。在看到了丈夫身體的本質、學會了自己作為妻子必須承擔的職責後，女性或許會絲毫不願順從丈夫的願望。我知道有一對夫妻，由於發現了婚姻的意義，妻子受到震驚，彬彬有禮、滿懷愛意的丈夫苦苦等待了

多年，妻子才恢復平靜，同意和他發生了一次肉體關係[13]。和一個不太體貼的男人共度新婚之夜的可怕經歷促使新娘選擇自盡或者喪失心智的實例也並不罕見。

到了婚配年齡的女子對性的現實一無所知，這種狀況令人難以置信，但並非虛構。我認識的一位受過良好教育的女性，曾向我吐露過她的祕密，在 18 歲那年一想到自己即將要有一個孩子她就感到十分恐懼，這種恐懼令她痛苦了好幾個月，之所以有這種想法是因為在一場舞會中，一個男人飛快地在她的嘴唇上親了一下。[14]

帶著這種思維長大的女孩在結婚後，當她們的丈夫堅持享受自己的「婚姻權利」時，他們就是在實施強姦。面對這種處境的新婚女性日後也很難，甚至不可能體會到性結合帶來的快樂，因為這樣的開端必然在她的意識中留下了一個清晰的印象 —— 男性被動物本能左右著。

我曾在一本雜誌中讀到了一首詩，這首詩生動地表達出了女性這種獨有的哀傷：

13　編注：這種情況隨著性教育和性知識的普及已經得到很大改善，但仍不排除有發生的可能。不過，時至今日，將性視為骯髒的、羞恥的觀念依然存在，這也是舊觀念得以延續的表現。

14　編注：當時的女性由於缺少避孕措施，所以婚後的生活基本都圍繞生育和撫育孩子來進行，這也導致女性對性感到恐懼，跟丈夫性交也變成了例行公事，毫無快樂可言。

……和無意仔細耕耘的男子交合，

這樣的男子在新婚之夜完全撲滅了生活之火出於本能迸發出的火花，

就讓我們將一切凍結吧，獨自一人

讓自己的靈魂化為塵埃，用妻子之名掩蓋靈魂——漫長的青春歲月——充滿愛的歲月——充滿激情的歲月

在我們的面前打起了哈欠。就這樣，一直假裝下去，

在跟我們結婚的男子身邊，一切都枯萎了，

但願成熟之後的歲月裡能獲得平靜，

我們只是後宮裡的女眷——住得好，吃得好

　　許多男性在結婚時都懷著一顆真誠溫柔的心，有的人在婚前還有過花錢「購買」體驗的經歷。丈夫根據妓女的反應，對妻子的經歷做出錯誤的解釋，這種情況不是沒有可能的。他們會指出在性活動的過程中妓女的肉體顯示出了興奮和快感，如果新婚妻子或者結婚已久的妻子沒有產生同樣的反應，她要麼就是為人「冷漠」，要麼就是「性慾不強」。他們或許沒有意識到，妓女的所有肢體動作往往經過了仔細的研究，都是假裝出來的，因為想像著懷抱裡的女人和自己同時達到了高潮會令她們的顧客最大限度地享受到高潮帶來的快感。[15]

15　編注：在當時的英國，妓女是一種合法的存在，而且當時女性的地位十分低下，即使受過很好的教育，女性得到體面工作的機會也非常少，大部分女性只能從事打字員、接線員這樣的工作，女性要想經濟獨立很難，必須依託於

正如福雷爾說過的那樣：「妓女的陪伴往往會導致男性無法理解女性的心理，因為妓女幾乎跟受過訓練專供滿足男性肉慾的機器人相差無幾。如果在妓女中間探尋女性的性心理，男性只會看到自己的真實寫照。」

對男性來說，命運也常常是殘酷的。有的男性在懷著一腔青春熱血鬥爭了許多年後還是放棄了，偶爾去妓女那裡尋找一番慰藉，後來他又遇見了真正的伴侶，對自己骯髒的過去懷悔之後，他和她結婚了。婚後，他或許會根據其他女性的行為理解妻子的行為，也許還會讓她完全遠離其他女性（這種情況不太常見），從而在不經意間給妻子造成痛苦。我知道有一位男子，在經過一段散漫的生活之後遇到了一位女子，他尊敬她、愛慕她。他和她結了婚，為了讓她保持「純潔」、保持和其他女性的區別，他始終沒有和她發生性關係。這位女子異常悲哀，她滿懷熱情地愛著丈夫，渴望生兒育女。她日漸消瘦下去，同時也越來越神經質了，可是在他的眼中她只是充滿了「任性」的企盼。

如果這名男子知道，一些沒有機會和雄性交配的雌性動物會非常痛苦，甚至會死亡的話，他或許就會對自己的行為有更準確的了解。

男性。而妓女這個職業是可以讓女性迅速獲得獨立基礎的途徑，所以大量的妓女應運而生。男性也得以有機會在婚姻之外釋放動物本能，而且也會有意無意地拿自己妻子的表現和妓女的表現相對比。

性交活動會貶低或者說是「玷汙」女性的觀念至今依然在某些社會階層中間根深蒂固。許多方面的力量都在這一錯誤觀念的形成過程中產生了作用，最有影響力的就是早期教會的禁慾觀念，以及男性常常無視女性的意願、只是將其當作滿足慾望的工具這個事實。性生活是一種低級、丟臉但是又必不可少的肉體活動，純潔的女性不會從中獲得快樂，長期以來女性受到的教育和社會的主流觀念都在支持這種認知。

　　在婚姻中，丈夫可以隨心所欲地行使性交的「婚姻權利」。男性擁有隨心所欲接近妻子的權利，在這個方面女性絲毫沒有慾望和基本需求，法律和社會習俗一直在不斷強化這種觀點。

　　女性的性慾起伏存在週期性，這一點似乎是確定無疑的。如果這種自然的週期變化得到尊重，不僅女性會在性交中獲得快感，而且有關女性任性的錯誤認知也會被推翻。我們對水、聲音和光的波長都做過研究，可是人類何時才能對女性的慾望之潮展開研究，何時才能對女性週期性的性慾有所了解？

第三章　女性的「任性」

第四章 最根本的活力

　　男性對女性的判斷很少來源於冷靜的科學觀察，實際上大多都經過了自己對性的情感以及在道德層面上對性衝動的態度改造……（男性）針對女性的性衝動所做的判斷，往往更多地透露出做出判斷的人——而不是女性——的問題。

——哈夫洛克·靄理士

　　根據大部分「正統」人的看法，女性應該沒有自發的性衝動。所謂「性衝動」，我指的並不是在情感上「愛上了」某個人，而是一種肉體上、生理上自然而然產生的刺激感，與某個特定的男性無關。實際上，這是一種對創造的衝動，是強大生命力的表現。在盎格魯撒克遜人的國家裡，認為只有墮落的女性才會產生那種感覺（尤其是在婚前）的觀念非常普遍，因此絕大部分女性寧願去死，也不願意承認有時候自己的身體的確會產生一種渴望，這種渴望難以描述，但是和渴望食物的飢餓感一樣強烈。面對許多的女性，我自然而然地認為她們產生過這種感覺，並且只向她們提出了一個問題：什麼時候？這時，很多人都向我顯示了她們真正的天性。透過她們的回答，我獲得了大量的事實，這些事實的數量足以駁倒針對女性的多數現成的理論。

　　對於各種打著科學的旗號四處流傳的荒謬觀點，溫沙伊

特[16]在《婦科學核心期刊》上發表的論點或許對其中一種觀點做出了說明：「在正常女性，尤其是社會階層比較高的女性身上，性本能並不是與生俱來的，而是後天習得的。天生的或者自動喚醒的性本能是不正常的。在婚前女性對這種本能一無所知，因此在婚後生活中即使沒有機會了解這種本能，女性也不會想念它。」

愛倫凱在自己的著作中提到了有關宙斯的妻子赫拉的一則傳說。赫拉派彩虹女神伊麗絲前往人間，尋找三位品德高尚、完全保持著處子之身的少女，這三位女子甚至不曾被有關愛的迷夢玷汙過。伊麗絲找到了她們，卻無法帶她們回到奧林帕斯山，因為她們已經受到召喚，去地府替換已經不太中用的復仇三女神了。這個故事對溫沙伊特表述的觀點做出了否定。

然而，女孩們接受的全部教育卻隱瞞了生活的基本事實，人類的本能是低級可恥的正面教育非常盛行，社會環境導致多數女性是否能夠得到奢侈享受，甚至是生活必需品都完全取決於丈夫的旨意，這些現象有可能抑制女性天生的性衝動，隱藏、扭曲女性殘存下來的性衝動。

整體上，在北方的氣候下長大的女性的性衝動天生不如

16　譯注：伯恩哈特·溫沙伊特（Bernhard Windscheid, 1817-1892），德國法學家，「潘德克頓學派」（Pandektenwissenschaft）的代表人物。

南方女性那麼強烈。此外，由於青春期不斷延長所造成的晚熟，常常會有女性直到 30 歲左右的時候才突然意識到自己的身上存在性衝動。在此之前的很多年裡，這股得不到宣洩的力量在她們身上四處蔓延，一直在對她們施加著強烈的影響。女性或許會在性本能尚未被喚醒的時候就已經結婚了，在婚後的很長時間也絲毫沒有意識到自己身上存在著這種本能，致使這種本能受到了壓制（一定程度上是由於我們的習俗、傳統和社會利益所具有的抑制作用）。上述各種情況都是真實存在的問題。對無數女性而言，有時候她會自然而然地從中體會到快樂，有時候她會對此有些反感，但是丈夫無休止的慾望訴求，往往會讓她原本跌宕起伏的慾望曲線變成一條直線。實際上，將女性當作滿足男性需求的一個被動的工具會產生的一個結果，就是讓女性真的變成這樣的工具，僅此而已，這樣的結果顯然很少會受到質疑。很多男性抱怨賢良的妻子缺乏熱情，其實他們自己正是造成妻子缺乏熱情的罪魁禍首。當女性無意性交時男性卻依然向其提出要求的話，女性的慾望和活力就會受到削弱，在愛慾回歸後享受性交的能力也往往會被扼殺。

受到現代文明的各種抑制因素的塑造，大部分女性直到結婚後才會充分意識到性的存在，這種說法當然也同樣符合事實。我們是文明的人類，在選擇愛情的過程中，社會、智

力和精神等方面的因素往往會掩蓋女性在性生活中的基本生理需要。要想找到一個各種感覺交織在一起、完全分不出彼此的女子並非一件容易的事情，不過我發現由於職業或者生意的需要（例如她們的丈夫遠赴海外）和丈夫分離數月的妻子（尤其是感到幸福的妻子，她們的感覺沒有因為另一份愛情刺激而變得複雜起來）就能為女性身上存在著一種基本的感覺週期的推論提供最完美、最清晰的證明。這種女性每天都渴望得到溫柔的陪伴、希望丈夫就在身邊，此外，在某些時候她們還會發現自己又多了一種渴望，對終極性行為中肢體親密結合的渴望。許多和丈夫分隔兩地的妻子會產生這種渴望。我曾要求一些女性將自己產生這種感覺的日期記錄下來，結果她們告訴我尤其是在月經即將到的時候以及月經結束後一週左右的時間裡她們會產生這種感覺，也就是說，這種感覺大約每兩個星期出現一次。在這個問題上，她們的回答保持著驚人的一致。正是透過這樣的女性，我對我所命名的女性「性慾重現的週期性」的規律有了最初的認識。

這條規律可以透過曲線的形式呈現出來 —— 在波浪線中存在著一連串的高峰和低谷。不過，通常其他刺激因素的出現會讓這種最簡單、最基本的表現形式變得極度複雜，這些刺激因素會帶來各種波動或者不符合規律的波峰。有時候，我們會看到大海裡均勻的波紋被沙灘打破，我們還會注意到另一股水

流的湧入有可能會激起第二道海浪，這第二道海浪的角度剛好合適，正好橫穿過前一道海浪，就這樣兩道海浪穿過了彼此。

女性強烈而潛藏的原始慾潮模糊不清、和其他因素交織在一起，以至於正常的波動被隱藏在了洶湧動盪的大海裡，它們的存在也基本上從未受到過質疑，顯然也沒有得到過仔細研究。女性是一種非常敏感、反應積極的儀器，在當代文明世界裡又非常容易受到無數刺激因素的影響，因此上述這種情況可能不太令人感到驚訝。

多年來，我一直在對這個極其複雜的問題進行著盡可能科學和細緻的研究。由於很多女性在這個問題上表現出了坦率、科學的態度，同時也由於更多的女性欣然向我透露了自己的祕密，我才獲得了許多極其有趣的事實。我認為，根據這些事實已經能夠推斷出一個具有普遍意義、發人深省的結論，這個結論或許還具有很大的醫學和社會學價值。

但是，首先我們有必要對女性生活中的其他一些特點進行審視。

女性按月循環的生理節奏很明顯，明顯得令人無法忽視，由於和女性的某些普通的生理功能存在連繫，這個問題得到了一定程度的研究。實驗表明，它對呼吸節奏、肌肉強度、體溫和視覺敏銳度等方面都具有影響力，這些實驗結果被綜合起來，繪製成了一幅曲線圖，這幅曲線圖應該能顯示

出女性在 28 天週期裡不同時間段上的能力變化趨勢。

然而，顯然這個領域的創新性研究非常稀少，這幅曲線圖在不同的書籍中反覆出現，在馬歇爾 [17] 的《生理學》中這幅圖「來自塞爾海姆」，在哈夫洛克‧靄理士的著作中它又「來自馮‧奧特」，在其他書籍中這幅圖被反覆引用，其來源則各有不同。

這幅圖似乎是顯示女性生理節奏的唯一一幅說明圖，一位又一位權威人物不斷地複製著這幅圖，但是構成這條曲線的每一個點似乎一直備受爭議。

根據這條曲線，女性在月經之前的幾天裡生命力會增強，在經期內會降至低谷，在月經剛剛結束後生命力又增強了，接下來性慾就進入了一段幾乎平穩的時期，直到在下一次月經週期開始之前再次增強。對於女性的體溫、肌肉強度以及經過了調查的其他一些比較簡單的因素，很難說得清這條簡單的曲線是否反映出了實際情況。我對很多女性的研究和觀察全都顯示出這條曲線並不能說明女性性慾的波動情況。

女性性慾的波動情況十分複雜，也鮮有專門的研究，因此在我們尚未對很多細節問題 —— 對普通大眾來說，這些問題有可能顯得很陌生或者很乏味 —— 有所了解的情況下

17　譯注：馬歇爾‧霍爾（Marshall Hall, 1790-1857），英國醫生、生理學家以及早期的精神病學家。

很難對這個問題展開討論。有一個問題，我們至今都沒有能力做出回答，但是所有人肯定都問過這個問題，很有可能也徒勞地思考過這個問題，這個問題就是：「月經是什麼？」在外行人看來，似乎醫生就有能力立即對這個問題做出回答，然而醫學界的很多男性至今都完全沒有能力給出略微正確的回答。

女性的個體之間存在著大量細微的變數，所謂的「月」會從 3 個星期到 5 個星期不等，但是大部分人類女性的週期是 28 天，每個週期出現一次月經。如果我們為一連串的週期繪製一張圖表，將每一個週期當作一個單位來看的話，就會產生一個問題 —— 在這個週期中，身體健康的普通女性會在什麼時候產生慾望，或者說性慾漲潮？

在綜合的醫學和生理學文獻中，專家們針對女性的性感覺做過少量的一些論述，這些論述基本上都非常謹慎、語焉不詳。例如，馬歇爾（《生理學》，第 138 頁）就說過：「性慾最強烈的階段通常都是經期剛剛結束之後的那幾天。」靄理士也說過經期之前性慾會比較強烈，有時候經期之後也會如此，顯然他也認可性慾和月經自然重合這種觀點。

經過極其仔細的調查，我得出了一個結論，在這個問題上，社會普遍存在的困惑會由於不同的個體千差萬別，同時也是由於沒有多少女性對自己的生活產生過像科學研究一樣的興趣。此外，還有一個原因，由於現代生活中存在著五花

八門的刺激，或者說抑制因素，我斷定在每一個正常女性的身上都存在，或者說潛藏的性慾節奏 —— 一種比較深奧而本質的週期性現象 —— 被各種比較表面性、臨時性的力量掩蓋，或者說掩藏了起來。對於目前需要考慮的問題，我試圖將深奧、自然的性慾週期和不太規律的表面波動區分開。

借助圖表 1，我或許能夠更加清楚地展示出在前幾頁裡所闡述的問題。這份圖表彙集了大量的個人紀錄，形成了一條有關女性性活力過盛和衰弱的週期性連續變化的，高度平均化的曲線。波峰的出現非常規律，每 28 天的週期裡會出現兩個波峰，其中一個位於月經前的兩、三天，另一個在經期結束後的兩、三天，但是在月經徹底結束後存在著幾乎呈水平狀態的一段時間，接下來又是下一個持續兩、三天的波峰階段，這個波峰出現在經期結束的八、九天之後，即前一次波峰過後大約 14 天，或者說半個月的時候。如果用最簡單的方式表述，我們就可以說女性的性慾週期為兩個星期，每一次月經之前總會出現一個週期。性慾週期的時間長短，或者說每一次波峰的規模和複雜狀況取決於女性在這個週期裡的性活力和整體的健康狀況。女性有可能一連三天甚至在更長的時間裡始終充滿熱情、自然而然地興奮了起來，但是同樣的女性在其他時間裡，例如在疲憊或者操勞過度的情況下，對性慾的感覺可能只會維持幾個鐘頭甚至更短的時間。

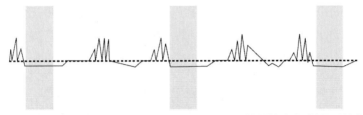

1 2 3 4 5 6 7 8 9 10 12 14 16 18 20 22 24 26 28 1 2 3 4 5 6 7 8 9 10 12 14 16 18 20 22 24 26 28 1 2 3 4 5 6 7 8 9 10
6 7 8 9 10 12 14 16 18 20 22 24 26 28 30 1 2 3 4 5 6 7 8 9 10 12 14 16 18 20 22 24 26 28 30 1 2 3 4 5 6 7 8 9 10

圖表 1
曲線表示健康婦女的性慾循環週期。
各種原因使「波峰」的位置、形狀和持續時間稍有異常，
但基本變化規律顯而易見。

疲乏、城市生活、營養不良有可能會對女性的性慾產生明顯的影響，實際上大部分外部因素都會產生影響，這些影響力可能會持續數年甚至一生，嚴重削弱著女性的性活力，導致女性有可能從來不會自發地產生性衝動。

在圖表 2 中可以看到疲乏產生的影響。疲乏會削弱生命能量，即使性慾旺盛的正常女性也不例外。位於圖表中段的一個波峰就受到了嚴重削弱。這份圖表顯示的不是女性的整體狀況，而是對一個真實案例的詳細紀錄。

和圖表 1 和圖表 2 中的曲線類似的一些曲線圖，基本上都反映出了對女性性慾的一種簡單化的觀點。然而，透過研究，我認為人類女性存在著正常、自發的性慾。正如一位年輕的已婚女性向我透露的那樣，她渴望和丈夫的肉體結合在一起，這種渴望就如同她對丈夫日常陪伴的渴望一樣清晰，

似乎「非常有規律」地自動出現，在丈夫和她分別很長時間的情況下就會出現這種渴望。然而，人類的個體在各個方面都千差萬別，沒有任何兩個人長得一模一樣，如果將性慾曲線詳細地記錄下來的話，我們就會看到也沒有任何兩個女人的曲線是完全一致的。許多女性只能非常清楚地意識到每個月經週期裡的一次性慾高峰期。在這樣的女性中，有些人覺得高峰期出現在經期之前，有些人覺得出現在經期之後。只有在身體狀況非常良好、閱讀了一些刺激性的小說，或者恰好在性慾自動出現但是受到壓制的時候，遇見了自己愛慕的人，通常只有感覺到一次高峰期的女性才會感覺到第二次性慾高峰期的存在。還有為數不多的一部分女性會在經期內產生強烈的性慾，這類女性似乎非常反常。

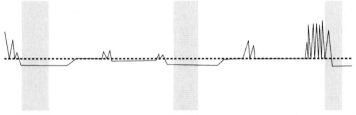

1 2 3 4 5 6 7 8 9 10 12 14 16 18 20 22 24 26 28 1 2 3 4 5 6 7 8 9 10 12 14 16 18 20 22 24 26 28 1 2 3 4 5 6 7 8 9 10
6 7 8 9 10 12 14 16 18 20 22 24 26 28 30 1 2 3 4 5 6 7 8 9 10 12 14 16 18 20 22 24 26 28 30 1 2 3 4 5 6 7 8 9 10

圖表 2
曲線表示疲勞和過度工作對波峰的抑制作用，
如波峰區 a 僅僅顯示了微弱的和短暫的高漲。
但是在波峰區 d 期間及此前的一段時間，
阿爾卑斯山區的新鮮空氣恢復了她的活力，
波峰區 d 的高度和多次的峰頂表現了她活力的增加。

　　讀到這些觀點後，如果有人試圖透過詢問多數女性以驗證我的觀點是否正確的話，他得到的調查結果很有可能會顯得非常矛盾，造成這種狀況的原因在於，對於這種事情女性往往不太會實話實說，同時也是因為在更多的女性身上只有一次高峰期會比較強烈，她們會觀察到自己身上出現了這樣的變化——如果她們有過觀察經驗的話。但是，如果對這些女性展開一次更加細微、精確的調查的話，我們常常會看到第二次性慾高峰期的存在。一旦對女性性慾有了最基本的了解，原本顯得模糊不清或者毫無意義的問題就都變得清晰、富有意義了。我曾經就我的觀點和一位女醫生進行過討論，後者說過我的觀點為她在自己的病人身上觀察到，但是尚未建立連繫、也沒有找出原因的很多現象提供了解釋。

　　在有關性問題的科學著作中幾乎找不到支持這一觀點的證據，不過福雷爾在《性的問題》一書中針對另外一個問題提到過一個有趣的實例。他寫道：「一名已婚女子在我譴責她對丈夫不忠的時候，坦白地告訴我每兩個星期她對性交的渴望都會出現至少一次，這時候如果丈夫不在身邊，她就會接受第一個出現在她面前的男人。」在她對自我控制的需求中，我們或許只會看到道德上的嚴重過錯，實際上她在兩個星期一次的性慾週期裡完全遵循了在我看來似乎支配著人類女性的正常性慾的自然法則。對於這個問題，摩西律法

（Mosaic law）[18] 中針對婚內性交制定的律條滿有意思。律法不僅規定在女性經期期間，和女性的一切性交活動都會受到極其嚴厲的懲罰（見《利未記 20:18》：「婦人有月經，若與她同房，……二人必從民中剪除。」），而且還規定在經期過後的數日內女性應當受到保護，不得性交。我透過獨立調查獲得的研究結果為這些古老的東方智慧提供了一定的支持。由於禁止在他們認為女性性慾最旺盛的時候進行性交活動，現代的人往往喜歡嘲諷摩西律法的迂腐。然而，考慮到現代人提出的新論點，而且他們也沒有為自己的論點提供科學數據的支持，摩西律法似乎就顯得不那麼迂腐了。加拉賓[19] 在自己所著的《助產手冊》一書中就這樣寫道：「在猶太律法中，按照規定在經期以及月經結束後的 7 日內，女性應禁絕性事。據說，嚴格遵守律法的人甚至會超越《利未記》的規定，即使經血只流了一、兩小時，他們也會在經期內禁慾 5 天——經期有可能會持續的時間——此外再加上 7 天，這樣總共就有 12 天……值得懷疑的是，整個猶太民族是否真的徹底被說服，能夠在性慾最旺盛的日子裡禁慾。」這就是

18　譯注：摩西律法是對《摩西五經》的另一種稱呼，又稱為「律法書」。《摩西五經》是《聖經》的第一部分，包括《創世紀》、《出埃及記》、《利未記》、《民數記》、《申命記》五部分，內容涉及希伯來民族的習俗、宗教戒律及國王敕令，是西元前 6 世紀以前唯一的希伯來法律彙編。

19　譯注：阿爾弗雷德‧路易斯‧加拉賓（Alfred Lewis Galabin, 1843-1913），英國產科醫生，是全世界第一個利用心尖心電圖記錄心房傳導阻滯現象的人。

說，從月經開始直至下一次性交有為期 12 天的禁慾期，不難看出，猶太人這套古老的禁慾方案跟我的圖表中顯示的女性性慾重現的週期幾乎完全吻合。

　　這些比較簡單的曲線顯示了我提出的，女性的自然慾望存在正常而自發的上升期。肉體對愛的表達有一定的產生基礎。生活中存在著許多抑制性慾或者延後性慾出現的因素，但是我們絕不能忘記生活中也同樣存在著無數能夠刺激性慾的因素。和男性一樣，在強烈的愛的影響下，女性的性慾或許也會出現強烈的浮動，在一個月裡，愛人的撫摸、他的聲音、記憶中他的笑容，沒有一天不會令她心神蕩漾，極度渴望和他充分地合為一體。因此，女性往往很難意識到自己的身上存在著這樣的週期，和心愛的男性住在一起的女性尤其如此，因為對對方的愛以及對方的存在有可能不斷對她構成刺激。但是，我深信無論女性是否能夠透過外部跡象發現這種生理週期的存在，這個生理週期對普通女性基本都會產生強烈的影響，進而從各方面對婚姻關係產生根本的影響。沒有多少人能夠天生就擁有熾烈輝煌、無可抗拒、終生不渝的愛，渴望婚姻生活能夠令雙方永遠幸福的丈夫會對自己的妻子進行仔細地研究，觀察她的正常週期有多麼規律，她在哪些方面具有獨特的特質。接下來，他就會努力根據妻子的狀況調整自己的需求，進而讓自己的需求和妻子的生理習性保持和諧。

相互適應不是一個簡單的話題，接下來的一章將對這個
問題進行深入的分析。

第五章　相互適應

愛是不加害於人的。

　　　　　　　—— 聖保羅（Saint Paul）（使徒保羅）

在普通人類男性的身上，慾望只分為略微緩和的冬季和旺盛的春季。一部分男性在自己的身上發現了一種隱約按月循環的週期，但是大部分男性的慾望都始終處在蟄伏狀態，即使嚴格克制自己的男性也不例外。慾望永遠存在，隨時準備著，在收到最輕微的召喚時就能立即甦醒過來，而且常常都是自動甦醒，一甦醒就會持續很久，這就需要男性一直自覺地壓制自己的慾望。

如果女性依然保持著那種不常出現的季節性週期，由於這種週期的存在她們就擁有了身體不可侵犯的權利，這樣一來男性就會受到不利的影響。女性已經獲得了遠比野獸頻繁的生理週期，但是依然無法企及男性的生理週期，後者往往會無視甚至踐踏女性的生理週期，一年四季隨時隨地地透過暴力或者「神聖」權威和社會傳統習俗這些更難以抗拒的力量迫使她們屈從於男性的慾望。

如果男性的慾望永恆存在、女性的慾望只是間歇出現的話，如果男性的慾望每一天或者每隔幾天都會自動出現，女性的慾望只是每兩個星期或者每個月出現一次的話，乍一看似乎兩性的正常需求根本無法滿足彼此。

兩性之間不可能相互適應到令人滿意的程度，長期以來人類一直無法擺脫這種想法。結果，夫妻中的一方應該具有的需求往往會占據主導地位，我們的社會已經形成了丈夫享有「權利」和妻子擁有「天職」的傳統觀點。男人可以開誠布公地告訴自己：「照目前的情況來看，兩性不可能都稱心如意，一方必須做出犧牲。女人做出犧牲會更有利於社會。」

　　能夠自覺做出犧牲的男性為數甚少。大部分男性都表現得很無知。然而，我們的社會準則不僅盲目地犧牲著女性，而且女性也犧牲著大多數男性的幸福，後者對幸福的含義和結果一無所知，在長大成人的過程中他們一直認為女性應該忍受高頻率的規律的性交，甚至每晚都應該如此。為了片刻的肉體歡愉，他們失去了喜悅和溫柔會不斷增長的世界。男性和女性或許都沒有意識到世上存在這樣一個杳無人跡的樂園，他們承受著被這個樂園拒之門外的痛苦，即使他們對此只有模糊的認識。

　　在向已婚者提供一些建議，幫助他們找到相互忍受的中間道路和能夠帶給彼此歡樂的完美策略之前，必須首先考慮幾個有關男性「慾望」的本質的問題。在我讀過的無數針對青年人撰寫的著作中，我沒有看到一本書對男性的性現象的含義做出明確的闡述。要想給聰明的年輕男性提供一些理性的指導，我們首先必須對男性的性現象有所認識。

在年輕的時候，透過一種純粹的科學方式，我們被灌輸了有關人類身體基本生理機能的知識，但是我們對最令人不安的身體功能的生理機制一無所知，在我看來，這種無知就是一種犯罪。

每一個有性活動的男性和女性都應該知道下面的這些基本事實：

男性的性器官不僅包括能產生帶有纖毛、四處移動的活細胞 —— 精子，還包括陰莖，精子透過它被送往正確的地方 —— 女性的陰道。除了這些最基本、最關鍵的結構，男性的性器官還有一些發揮著輔助作用但同樣很重要的組織和腺體。在沒有受到刺激、尚未勃起的時候，男性的陰莖又小又軟，保持著下垂的狀態。當受到刺激時，無論是直接透過神經和肌肉的肉體接觸，還是因為看到接近刺激因素或者是想到某個可愛的愛人 —— 透過腦部傳輸的信號間接地構成刺激 —— 陰莖就會變得很大，變得堅硬、腫脹、勃起。很多男性以為陰莖勃起時之所以腫脹是由於局部積聚了精液，射精後腫脹就會自動消失了。這種想法大錯特錯。陰莖的腫大完全不是因為精液的存在，而是由於血管上產生的神經反應，導致了充血現象，充血主要集中在靜脈，動脈也會出現一定的充血現象。血液湧入但是沒有流出陰莖血管，陰莖的靜脈內就會充滿血液，直至陰莖變硬。變硬後，陰莖就能

夠穿透女性性器官的大門，進一步的刺激就會將精液從「倉庫」── 精囊、睪丸、前列腺 ── 裡召喚出來，精液穿過陰莖裡的通道（尿道），被發射了出來。

如果了解了這些知識，男性就會意識到變硬和勃起並不一定需要射精。如果靜脈裡的血液能夠自動排空 ── 當阻滯血液流動的神經興奮局部消失時就會發生這種情況 ──在不損失精液的情況下勃起狀況也會自動消退，男性需要做的就只是讓局部積聚的過多血液回流到通常的循環系統中。無論是透過肉體的放鬆，還是由於精神上感到寧靜和振奮，只要神經舒緩下來，這一切就會自然而然地發生了，這種疏導方式也很健康。但是，這種局部的興奮最終會喚醒精液，促使其射出。一旦精液射出，射精就不再受到人為控制了，精子和分泌物隨之流出，徹底離開了男性身體。

男性損失了什麼？據估計，平均每次射精會損失 2.5 億顆精子。每一顆精子（健康男性的）都能夠讓女性的卵子受精，從而創造出新的生命。（因此，透過一次射精，男性就有可能讓全世界所有到了適婚年齡的女性受孕。）每一顆極其微小的精子都攜帶著無數遺傳性狀，每一種遺傳性狀都主要由核原生質構成 ── 這是我們體內最特殊、最豐富的物質。

因此，以為精液是可以頻頻被射出的想法是極大的錯誤，最好在每個月特殊的日子裡將構成精液的生命能量和寶

貴的化學物質悉數投入其他創造性的工程中。我們體內發生的化學變化非常神祕、奇異，因此我們的大腦常常會啟動這樣的「煉金」過程，尤其是大腦被知識武裝後。強大的意志往往能夠讓控制血液輸送的神經平靜下來，令腫脹的陰莖血管自動縮小、恢復正常，不要透過射精浪費精液。

　　男性常常可以做到這一點，但是一直試圖採取這樣的疏導方式就不是一件好事了。這種克制行為會讓男性的力量增強到一定的程度，但是超過這個程度之後繼續自我克制反而會削弱男性的力量。我相信一定的自我克制能夠幫助男性順利度過妻子性週期裡的低潮期，適當的自我克制應該正好能夠給予男性最充沛的體力、精力和快樂，如果夫妻雙方都是正常人的話。如果妻子能夠意識到自己每兩個星期一次的性慾高峰或者有產生慾望的潛力（我認為大多數身體健康、營養充足的年輕女性都有這樣的意識或潛力），在兩個星期一次的肉體結合過程中夫妻雙方都會感受到彼此充分適應了對方，因此每一次夫妻二人未必只會發生一次性交。許多有能力自我克制長達 12 天或者 14 天的男性會發現僅僅一次結合是無法令他們感到滿足的，如果他們幸運地擁有一位身體健康的妻子，他們就會發現後者在一、兩天的時間裡也會希望發生多次肉體的結合。如果對圖表中的波峰進行仔細的研究，我們就會看到波峰分布在兩、三天裡，圖表中會存在著

一些比較小的波峰。這種情況會出現在十分健康、精力充沛的女性身上，在一、兩天裡她們的慾望不斷產生，如果得不到滿足的話，有時候幾小時慾望就會出現一次，有時候即使得到了滿足也依然會如此。

我的觀點可以被籠統（當然不適合每一個人的情況）地概括為：婚姻中性交的最佳時機是在三、四天內反覆進行，之後大約 10 天的時間絕不性交，除非有強烈的外部刺激因素同時激發起夫妻雙方的慾望。

假如我認識的夫妻中有一些碰巧遵循了這種生活模式，並且過著幸福的生活，我會感到開心，值得注意的是，這套模式跟我展示的圖表完全吻合，那些圖表展現的正是許多女性正常、自發的慾望。

然而，還有很多女性不會體會到第二次慾望的產生，或者是一開始沒有意識到這一點，每個週期裡她們在性生活中感受到一次自然而然產生的快感。很多意志堅定、生活適度的男性都能夠很好地控制自己，讓自己完全適應這種比較節制的性生活，我認識的一些男性就能做到。不過，還是有很多男性會覺得這段時期過於漫長，不付出超常精力抑制自己的性衝動根本無法熬下來。在我看來，花費過多的精力和意志力克制自然產生的衝動，讓有價值的工作、智力和自信都飽受困擾，這種做法似乎並不合乎情理。當一位性慾旺盛的

丈夫發現自己不得不犧牲工作能力，以忍受長達 26 天的禁慾生活時，他會意識到自己娶了一位極其缺乏性活力的妻子，後者在每個週期裡只能享受到一次肉體結合帶來的快感（有些女性在月經到來之前，有些則在月經結束後不久），他就應該認真地留意妻子在肉體結合的過程中能夠自覺地體會到快感的時間，在接下來的日子裡他要竭盡所能地克制自己，在妻子性慾高峰過後的 14 天後滿懷熱情地向她求歡。除非妻子身體有恙，否則在這個時候他成功的機率會遠遠高於其他時候，他不僅有可能說服妻子順從自己的慾望，而且還有可能讓她也享受到快樂，從而雙雙進入極樂世界。

竭力自我克制的丈夫，通常都會發現自己得到了千倍的回報，不僅妻子變得更加健康、幸福，他在性交中獲得的快感也增強很多，而且他自己的精力也充沛了很多，自我克制的感覺強烈了很多。對健康的男性而言，兩個星期的自我克制不算過分，而且還有不少益處。

托馬斯·克勞斯頓爵士 [20]（《在我結婚前》，第 84 頁）寫道：「大自然將一切都安排得井井有條，越是不斷地施加控制，它就會變得越輕鬆、越有效。它變成了一種習慣。不太施加控制的話，慾望就很容易發展成難以駕馭的渴望，這

20　譯注：托馬斯·史密斯·克勞斯頓 (Thomas Clouston, 1840-1915)，蘇格蘭精神病醫生。

種渴望本身就是一種疾病，遲早會迎來死亡。」這個論述不僅來自人類的智力和道德經驗，而且還得到了生理學實驗的支持。

有關人類基本法則的知識，基本上能夠對我們的生活造成規範作用，但是我們人類太複雜了，對各種各樣的感覺又十分敏感，因此人類根本不可能完全遵循十分守時的規律。

有時候，在兩個性慾高峰之間的時間段裡，有可能夫妻雙方都會突然對肉體結合產生額外的渴望，即使是在性慾旺盛、慾望出現時跡象非常明顯，在兩個星期一次的肉體結合中慾望通常都能得到滿足的女性身上，這種情況有可能也不算少見。這種特殊情況的發生基本都是由於伴侶生活中出現了能夠激發他們情緒的事情，他們對充滿熱情的往事進行回憶，例如結婚週年紀念日，或者是一部小說、一首詩、一幅畫深深打動了他們。如果自己愛慕的男性能夠充滿柔情蜜意地求歡，女性通常會被打動，重新喚醒自己的慾望，即使原本她並沒有自動產生性慾。但是，在女性處於慾望低潮期的時候，刺激因素應該比慾望高峰時強烈一些，男性也會普遍意識到相比平時，在低潮期應更多地透過情感和精神的感染力，而不是透過肉體的吸引力打動對方。

丈夫們應遵循的最高法則：記住，每一次肉體的結合都必須透過溫柔的求歡過程爭取到，除非女性也產生了結合的

慾望並且身體也做好了準備，否則二人就不應進行性交。

在大多數婚姻中，丈夫都不得不克制自己，以配合妻子發生頻率比較低的週期性慾望高峰，但是還有一些婚姻，丈夫的性慾比較低，和妻子的肉體結合只能維持在非常低的頻率上，否則他的健康就會受到嚴重的影響。如果這樣的男人和天生性慾就異常旺盛、發生頻率過高的女性結了婚，他可能會非常痛苦，拒絕性交又有可能給妻子帶來痛苦。面對這種情況，我們無能為力。面對許多的婚姻悲劇，我們只能解決其中的一種悲劇。不幸的是，身體健康的人對性的需求千差萬別，遠遠超過了我在本書中提到的差異。實際上，在這個方面「常態」要比各種變異形式罕見。

哈夫洛克・靄理士宣稱阿拉貢的凱薩琳（Catherine of Aragon）[21] 曾規定在合法婚姻中一天 6 次的原則才是正確的。換作今天，性慾如此異常的女性很有可能會需要很多個丈夫，因為在當今社會能夠匹敵這種強度的性慾的男性極其罕見。

無知又心懷善意的人問得最多的問題就是肉體結合的時

21　譯注：英國國王亨利八世（Henry VIII）的第一任王后，英格蘭瑪麗一世（Mary I）的母親。阿拉貢的凱薩琳一生都不太平順，經歷兩次婚姻，先於 1501 年嫁給亨利七世（Henry VII）的長子亞瑟王子（Arthur Tudor），後於 1509 年嫁給亨利八世，兩段婚姻均被取消。她是政治權力的犧牲品，尤其在與亨利八世的婚姻中，儘管她很努力，卻沒有產下一個男性繼承人，這對她造成了致命的打擊，也直接導致了她的被離婚。

機和頻率，這兩個方面也是被誤解最深的，不過，對於有關性交的其他一些基本事實，就連醫學界的男性們似乎都無知得驚人。考慮到這種狀況，我們就很有必要對生理方面的實際情況做一些簡單的介紹。

我們應該對性交過程有所了解。經過預備性的前戲後，受到刺激的陰莖勃起、腫大、變硬了，被插進女性的陰道中。通常，如果女性的性慾沒有被激發，這條通道的內壁以及環繞在通道口處的柔軟組織的外唇都比較乾燥，並且非常萎縮，陰道開口小於男性增大的生殖器。當女性出現了生理學所說的「勃起」（即，女性做好了性交的準備，性慾被極大地激發了），這些部位會由於充血而變紅，在一定程度上還會像男性的生殖器官一樣腫脹起來，同時分泌出大量能夠潤滑陰道的黏液。性慾旺盛的女性的陰道甚至有可能會自動地一張一翕，就像是在滿懷渴望地喘息。（對身體構造的想法可以產生很大的影響力，想著愛人的身體構造、聽著溫柔的話語、享受著熱吻和美妙細膩的求歡，有些人的身體就會產生這些反應。）因此，不難想像，在求歡尚未對女性構成足夠強度的刺激，沒能使她的身體做好產生自然反應的準備時，男性就試圖進入女性體內的話，他們無異於是在強行穿透對他的陰莖來說過於狹小且乾燥的開口。對於不計後果利用她的男性，女性會感到十分反感和憎恨。除此以外，男性

強行進入女性體內會給女性的肉體造成實在的痛苦。而「勃起」的女性的開口已經自然而然地張開了，分泌出的黏液也對開口產生了潤滑作用，她們的神經和肌肉全都準備做出反應了，能夠輕輕鬆鬆地將男性的性器官吸進去。

　　上述情況針對的都是已婚夫婦的交合過程。處女和男性的第一次肉體結合自然跟其他女性的情況都有所不同，在這一次性交過程中她們的處女膜會破裂。有人或許以為每一位將要結婚的年輕女子，都會從別人嘴裡得知這層薄膜必然會被撕裂，她也因此會感到一時的疼痛，然而社會還是任由多數的女子在完全懵懂無知的狀態下就結婚了。

　　我們應該認知到在結婚時男性向女性求歡，爭取對方做出反應不是一勞永逸的事情，每一次交合前，男性都必須向女性求歡，因為這才符合婚姻生活的需要，飛禽走獸都懂得這一點。野生動物不像男性這麼愚蠢，不經過該物種特有的求偶過程 —— 在和其他雄性動物搏鬥的過程中展示自己的力量，或者展示自己漂亮的羽毛或歌喉，從而激發雌性動物的慾望 —— 牠們就不會同對方交媾。有一點絕不能忘記，野生動物得到了大自然的幫助，通常它牠們只會在雌性開始產生自然慾望的季節進行求歡。男性卻不顧自己的配偶是否處於發情的「季節」，隨時都對對方有所需求，如果他們想等到配偶自發產生性慾的話，他們就需要履行雙重職責，他

們必須喚醒對方的慾望，展示自己的魅力，刺激對方，幫助對方的身體部位自然而然地做好接納他們的準備。

在和女性交合之前，幫助她們做好準備是人性最基本的展現，可以讓她們避免遭受痛苦。從男性的立場出發，這種行為也具有一定的價值，這樣的行為對雙方都有益處（除非男性屬於比較異常和病態的類型，只能透過強姦獲得快感），從而男性自身的感覺也獲得了極大的提升（參見本書的尾注）。

通常，當兩個人相會、肉體結合在一起後，經過或長或短的一段時間，男性在身心兩方面受到的刺激就達到了巔峰，各種感覺陷入了陶醉狀態，精液也射出了。如果雙方充分適應了彼此的節奏，女性的神經反應和肌肉抽搐強度就會跟男性同時達到最高值。雙方都達到高潮具有極其重要的意義，但是在很多令人苦惱的實例中，男性的高潮出現得太快，在女性的各種反應幾乎都還沒有做好準備的時候男性就達到高潮了，這樣一來女性就無法達到高潮了。

有時候，在男性達到高潮之前女性就已經體驗到了一次甚至多次的高潮，這種情況的確存在。但是，不太誇張地說，由於丈夫過快地產生反應，即提前射精（早洩）或者雙方性器官的形狀和位置不相對，70%至80%的已婚女性（中產階層和知識階層的女性）都無法享受到充分的性高潮。女性的性本能十分複雜深奧，要想激發女性的性慾，男性就需

要同時喚醒她的肉體和精神。這項工作需要花費一定的時間。實際上，需要的時間超過了普通男性的想像。

女性的身體上有一個小小的退化器官，這就是「陰蒂（陰核）」，在形態上和男子的陰莖相當，而且和男性的陰莖一樣，對觸覺極度敏感。這個小小的凸起位於小陰唇之間的頂端，當女性的身體充分腫脹的時候，陰蒂就會勃起；在受到運動刺激的時候，陰蒂會產生強烈的興奮，並向全身的每一根神經傳輸刺激信號。在蟄伏的性慾被喚醒、全身都開始做出反應之後，女性仍然需要 10 分鐘到 20 分鐘的肉體結合，這樣才能讓自己的感覺達到圓滿的狀態，而男性往往只需要 1 分鐘、2 分鐘或者 3 分鐘的肉體結合就能夠獲得滿足，他們根本不懂得如何才能控制自身的反應，因此他們有可能會在雙方同時達到高潮的時候享受到額外的快感。

出於好意，有不少人都要求男性嚴格「禁慾」，只為生兒育女進行性活動。這些人忽視了性活動的過程中大量的生理反應以及微妙的精神變化，提出「反對禁絕生產之外的一切性活動的人只說得出一條論據，這就是慾望，自私性」。（瑪麗·緹慈，《婚姻中的上帝之道》）

然而，我們應意識到一點，充分的肉體結合應該是在三個方面都達到了完滿狀態。首先，它象徵著 —— 同時也強化了 —— 雙方精神上的結合，在這個神祕的變化過程中還

夾雜著無數微妙的精神反應；其次，性活動還讓身體感受到了強烈的快感，這種快感是雙方都能感覺到的，並不是一種自私的快感，比其他任何事情都更有可能促使參與這種神聖行為的雙方表現出難以形容的溫存和理解。第三，透過這樣結合，男性無數精子中的一顆就有可能和女性的卵子合而為一，從而孕育出新的生命。

由於唯恐花費過高、妻子在生產的時候身體會過度勞損，丈夫便採取一種名為「性交中斷」的手段，即，射精前就將陰莖從妻子的體內抽出，在今天這種情況時有發生。然而，這時男性已經極度興奮了，因此還是會不由自主地射精。精液流了出來，但是沒有進入妻子的體內，因此受精和隨後的生育都不會發生。性交中斷的做法固然會讓女性避免懷上不想要的孩子，從而遭受巨大痛苦，但是對女性還是存在著極大的危害，而且受到了不少批評。可以說，這種做法會讓女性「懸在了半空中」，讓她受到了刺激，但是又沒能讓她獲得滿足，因此對她的神經和整體的健康狀況都造成了嚴重的不良影響，如果男性頻頻採取這種做法的話就更會如此了。此外，女性也享受不到吸收一定的男性分泌物所能帶來的益處了[22]（我深信這種生理益處怎麼估計都不為過），

22　編注：精液對女性有什麼好處，至今尚無科學論斷，唯一能肯定的是精液進入女性的陰道會帶來新生命的誕生。

但是只有透過他們相互接觸到的大面積的內部上皮組織，女性才能夠吸收到男性的分泌物。如果體內吸收性器官分泌物對身體末端部位的健康和特性具有重要的決定性影響的話 —— 生理學的研究已經證實了這一點 —— 極有可能具有強烈刺激性的精液分泌物就能夠進入女性身體內並且對其產生作用，在現實過程中也的確如此。真正的科學實驗已經顯示出，碘溶液被放入陰道後能夠快速地被上皮壁吸收，不到一個小時後溶液就能滲透身體，甚至被排出體外。但是，我們還有待新的科學實驗對吸收精液物質的效果進行研究。性交中斷並不一定會對男性造成傷害，因為男性已經完成了整個性交活動，只是許多男性認為性交中斷給他們帶來了不愉快的體驗，有可能會導致男性性慾低下甚至性無能。性交中斷的安全性促使男性頻頻縱慾肯定是有害的，如此揮霍本該服務於創造生命的能量，將會削弱男性的活力和工作能量。能夠意識到自己體內產生的創造生命的衝動，希望自己和妻子雙雙享受到快感，希望改善性結合的狀況而不是浪費雙方的快感的男性都不應該採取這種做法。

在和遭受過性交中斷（不完全性交，或性交延長）困擾的數千位男性和數百位女性「親身」接觸過之後，面對這個問題我得出了自己的觀點。很難斷定性交中斷這種做法究竟對男性還是女性造成的傷害更嚴重、波及範圍更大，但是根

據我個人的印象，答案應該是男性。由於採取這種做法，男女雙方都有可能飽受性慾缺乏的折磨，甚至對性關係產生厭惡情緒，出現心動過快、神經衰弱等症狀，但是有一種情況有可能在男性身上頻繁出現，而女性則不會受到影響，這就是交媾會導致發生在男性身上的陽痿病症，還有前列腺的弛緩和充血問題。

至於女性性器官吸收精液的問題，至今甚至還沒有科學證據能夠證明這種現象的存在。陰道上皮吸收精液的可能性是毫無疑問的，這個過程有些類似子宮內膜的上皮組織的吸收過程。但是，對於這一點目前也還是缺少科學證據的支持。身體吸收自己的內分泌物則另當別論，在這個過程中分泌物會直接湧入個體自身的血液或者淋巴液中。但是，的確還有不少女性，無論是由於性交中斷還是使用了保險套的緣故，如果在性交過程中獲得不了精液，她們就會感到很痛苦。（威廉·J·羅賓遜）

我們絕不能忘記一點，不培養自我控制的能力，性慾就不可能帶給人持久的愉悅感。只有能夠對自己的自然衝動加以控制和引導的人才能獲得極致的愉悅體驗，哪怕在純粹的肉體層面也是如此。

在這個問題上，沙利白醫生說過的一段話（為福雷爾的《性倫理》所做的序言）可能比較貼切：「福雷爾教授談到了

抑制性本能的問題。我更想說應該對其進行轉化。直接攻擊往往是徒勞的，大多都是缺乏努力的選擇，但是我們完全有可能將性能量轉化為個人生活中更高級的存在，從而證明了進化和生理方面的競爭存在是合理的，而這樣的競爭正是人類的高級活動、道德上的義憤感，以及改變了地球表面的『躁動不安的能量』的來源。」

　　福雷爾說（《性的問題》）：「在開始共度一生之前，男性和女性應向對方說明自己的性慾狀況，以免日後出現欺騙或者不和諧的問題。」如果一名處女對性交活動在精神和肉體上激發的反應以及產生的影響知之甚少，但是她有條件對這些情況有充分的了解的話，福雷爾的這條建議就非常實用。實際上，充滿熱望、富有頭腦的夫婦往往會花上數年的實踐才能充分查明彼此的情況，性是婚姻在生理和精神兩方面產生的極其深奧難懂的產物，夫妻雙方都應當了解彼此在面對這個產物時所能接受的限度和方式。誠然，一個高尚坦誠的人會避免很多不幸——婚姻中的某一方在結婚時已經悄悄地打定主意，不生養孩子——這種情況並不罕見。

　　人類的個體千差萬別，性關係中的反應和後期反應也都十分複雜，因此我們無法為性活動制定出硬性規定或者是易於操作的規則，每一對夫婦在婚後必須仔細研究自己，從最有益於對方的角度出發，賦予彼此極致的喜悅和力量。不

過，對於性關係還是有一些不可違背的原則。前文已經對這些原則做了詳細的闡述，總結起來就是一句話：愛是不加害於愛人的。[23]

第五章　相互適應

第六章　感受與真相

在許多已婚女性的身上，失眠和因此導致的神經問題往往都伴隨著缺乏完整的性交而產生。

—— 瑪麗・史托普斯

眾所周知，睡眠具有神奇的治療效果。

很多以各種方式違背自然規律的人都會遭受失眠的懲罰，失眠或許屬於人類無數痛苦中最普遍的問題。睡眠和失眠的許多相關問題已經受到了人體生理學專家的高度關注，但是似乎沒有多少人意識到睡眠和性之間，也存在著一定的關聯。但是，在自然情況下發生的、令人精神恢復的睡眠所具有的能量，和人體透過完美的性活動，協調一致地釋放壓力的過程之間，有著深刻而且非常直接的關聯。

在身體健康的普通男性身上，我們就能非常清楚地看到這種情況。如果出於某種原因，渴望和妻子發生肉體接觸卻無法實現心願的話，男性就不得不無奈地忍受一段痛苦的煎熬，在這種情況下他們往往難以入眠、焦躁不安、心煩意亂。

當機會到來的時候，經過一番前戲，激情越來越熾烈，最終在完成的那個迅猛時刻，男性的全身一下子就放鬆下來，肌肉也獲得了滿足，之後他們就會自然進入慵懶的狀態中。不一會兒，他們就會像孩子一樣沉沉地睡去了。

這種完美、有助於恢復精力的睡眠就如同一片柔軟的簾幕，一片能讓人遺忘一切的簾幕，男性不會在高潮過後產生不快和失望的情緒。這種睡眠不僅有助於男性在經過激烈的身體運動，獲得極度的喜悅之後恢復精力，它還能極其有效地幫助男性恢復能量，經過這樣的睡眠之後，很多男性都會感到全身上下似乎充滿了活力。

女性的情況是怎樣的呢？如果女性也獲得了同樣的充分滿足，她們同樣也能夠放鬆下來，進入平靜、有助於恢復精力的睡眠狀態。

然而，和當今社會的情況一樣，大部分已婚女性在結束後，其實都難以入眠，她們或者用母親般溫柔而沉思的目光，或者用怨恨嫉妒的目光望著沉睡中的伴侶，無論屬於哪種情況，她們的內心都焦躁不安，在大多數情況下這種說法並不誇張。由於無知和粗心，男性長期以來始終沒有意識到自己的伴侶也能獲得充分的滿足。

很多已婚女性告訴我在和丈夫發生關係之後，她們總是煩躁不安，短則幾小時，長則一整夜。男性普遍無視妻子在每一次交合的過程中也會出現性高潮，我確信很多已婚女性之所以失眠、患上神經疾病，正是伴侶的這種忽視所導致的。

A 夫人的經歷就顯示出了完成性活動和睡眠之間存在的這種關係。A 夫人是大多數已婚女性中很典型的一位，她嫁

給了一個自己深愛的男人，在結婚前，她和丈夫都從未與其他人發生過關係。他們夫婦都是頭腦敏捷聰慧的人，也都對生物學有一定的了解，然而他們對人類性交活動的具體過程卻一無所知。多年來，在性交之後 A 夫人的丈夫總是獲得了滿足，隨即便倒頭就睡了。他們夫妻倆都不知道女性也會有性高潮，在每一次肉體結合之後，A 夫人都陷入了「緊張、煩躁不安、難以入眠」的狀態，就這樣經過幾小時的折磨後她才能睡著，很多時候她甚至徹夜難眠。

在丈夫過世後，A 夫人的健康狀況改善了，一、兩年後她和另一個男人發生了關係，這個男人很了解女性的需求，願意付出時間和精力滿足女性的需求，確保對方也能像他自己一樣達到高潮。結果，沒過多久 A 夫人就享受到了充足的睡眠。同時，她的神經和身體狀況也都恢復了健康。

睡眠是一個十分複雜的過程，失眠有可能是形形色色的功能失調問題造成的，即使無法獲得令人放鬆、身心愉悅的完美性交，女性還是有可能獲得充足的睡眠的。但是，在許多已婚女性的身上，失眠和因此導致的神經問題往往都伴隨著缺乏的完整性交而產生，因此在對疲憊不堪、存在失眠問題的女性患者進行診治的時候，醫生向她們提出的第一個問題應該是：在發生肉體關係的過程中她們的丈夫是否履行了丈夫的職責。

透過他們公開發表或者坦白告訴我的觀點可以看出，似乎很多醫生要麼對女性也會產生性高潮的事實幾乎一無所知，要麼將其視作一種多餘的偶發現象。然而，至少時不時地獲得一定數量的性高潮，對女性充分恢復健康和精力是必不可少的。

這本書是為已婚女性所寫的，因此我在書中對未婚女性的生活狀況隻字未提，但是，未婚女性的情況有可能也非常可悲，應該受到關注和研究，尤其是過了 30 歲的女性。值得注意的是，在從未自我放縱過，或者說從不允許自己釋放性慾的女性中間，失眠現象極其普遍。毋庸置疑，在導致很多中年未婚女性患上神經疾病和失眠的多種因素中，就包括完全沒有正常性生活這個問題。

但是，與未婚女性相比而言，已婚女性缺乏正常性生活帶來的痛苦更為強烈、更為具體。

除非和某個男性保持著戀愛關係，否則就沒有什麼既定的外在因素能夠刺激未婚女性產生性慾，她們只能等著身體自發產生性衝動。對很多已婚女性而言，能夠激發性慾的不僅是自己心愛的男性陪伴在身邊，她們和愛人之間發生的性交活動也在對她們的身體產生強烈的局部刺激。在性交過程中，如果在半途中她們受到的刺激戛然而止，身體承受的壓力得不到釋放的話，她們在這一方面的狀況就比未婚的女性同胞更加糟糕。

　　話雖如此，很多未婚女性還是由於單身生活而受到失眠問題的折磨，而且她們根本沒有意識到究竟是什麼原因造成了自己的失眠。

　　但是，本書關注的對象只包括已婚女性。不難理解，當已婚女性受到伴侶的無視，看著對方在自己身旁沉沉睡去的時候，她們會花上幾個鐘頭的時間重溫自己和配偶之間的關係，這樣的反思不可能給她們帶來多少快樂或者滿足。她們無法享受到伴侶享受到的高潮（不過，她們有可能就像很多妻子一樣，根本不知道性交活動能讓雙方都達到高潮），因此在她們看來性活動只是為了讓丈夫得到快感、獲得釋放，之後還能進入夢鄉，而她們自己則只是一件供男性享受性愛的被動工具。不，不止如此──如果每一次性交之後，接連幾個鐘頭她們都無法入眠的話，她們就會清楚地意識到性交這種事情甚至會危及自己的健康，自己不僅是在被動滿足伴侶的慾望，而且往往還是在遭受虐待。

　　這種不完整的性交活動還有可能造成另一個惡果。在前戲的過程中，身體被喚醒後（女性或許不太清楚前戲的全部意義），喜歡浪漫和思考的女性極有可能說出一些親密溫存的情話，可是一旦性交活動戛然而止，她們就有可能說出心裡最真實，也是最令自己感到害怕的想法。丈夫的忽視有可能會給她們造成極大的傷害，前一秒鐘對方還對她們展示出

強烈的愛意，轉眼間他們就變得那麼鐵石心腸。在女性看來，丈夫這種急轉直下的變化似乎證明了他們完全漠視婚姻生活中最重要的內容 —— 精神和肉體的雙重交流。就在她們正在訴說情話的時候，對方卻進入了夢鄉，在她們看來丈夫的這種表現太不可理喻了，完全就是對她們的漠視。導致女性產生這種感受和想法的真正原因，其實是她們沒有獲得和伴侶一樣的肉體愉悅感，而她們又不知道男性倒頭就睡只是肉體愉悅感過後的自然反應。

這些想法和感受令女性感到極度沮喪，進而對女性的整個身體產生不良影響，進一步加劇失眠對女性身體造成的傷害，即使最溫柔、對丈夫感情最深的女性也不例外，對在其他方面也對丈夫心存不滿的女性來說就更是雪上加霜了。

對於這個問題，比較傳統的生理學家採取的解決辦法過於粗糙，沒有意識到人類的意識對生理機能的影響。現如今，透過實驗我們已經十分清楚憤怒和怨恨這些情緒，對生理機能會產生明顯的影響，會對整個身體造成傷害。

不難想像，經年累月地在憤懣的情緒中難以入眠，到最後女性不僅往往會出現神經衰弱的問題，而且還會對丈夫心生怨恨。她們很有可能對自己的生理功能一無所知，也缺少仔細的觀察，因此意識不到自己的遭遇究竟意味著什麼，她們只會隱約感到造成這一切的罪魁禍首是丈夫，自己只是一

個犧牲品而已。由於對男性的生理機能更缺乏了解，她們會認為自己付出的這種犧牲，只是為了讓丈夫享受到快樂和自我放縱。

在性交之後，男性可以透過睡眠恢復精力，進而保持身體健康，對於伴侶悶悶不樂、模模糊糊的斥責，為了雞毛蒜皮的小事就數落他們的表現，男性懶得理，也很難進行深入地了解，其實女性只是藉此宣洩自己的不滿。男性很有可能會把妻子表現出的怨恨情緒理解為「神經緊張」或者「故意找碴」。聽到妻子莫名其妙的抱怨時，一開始他們還會對妻子表示出關心，漸漸地就失去了耐心。

很多性格溫柔、體貼妻子的丈夫或許會努力採取補救措施，將自己和妻子性交的次數控制在自己所能承受的最低限度。然而，他們不知道這種做法只會導致問題進一步惡化。整體上，丈夫對妻子的生理節奏一無所知，也不會刻意用溫柔的擁抱（這種情況本來就極其罕見）配合妻子的節奏。最終，丈夫有可能會搬到另一個房間過夜，在夜裡也不敢享受婚姻最甜美的特權 —— 夫妻間的交談和溫存。就像在其他方面的情況一樣，丈夫控制自己的性慾出於好心，但是思路錯誤，這樣的努力往往只會進一步擴大夫妻間的裂痕。

我們已經知道性器官能夠產生一些極其深層的影響，即使在沒有受到特殊刺激、發揮性功能的情況下也不例外。為

了闡明我對睡眠問題理解的合理性，在此有必要提一下其中的一種影響。

失去了性器官的人，尤其是年輕人，身體的其他特徵和器官的發育也會出現異常，甚至根本不會發育。被閹割的男孩（宦官）在長大成人後往往只會長出稀疏的鬍鬚，甚至根本沒有鬍鬚，他們的嗓音也變得很尖厲，此外還會出現其他一些有別於正常男性的特徵。

研究發現，即使跟性器官關係不大的身體器官和組織，例如喉嚨，也會受到性器官及其附屬腺體分泌的化學物質的刺激。這些分泌物的傳輸直接透過血液系統，不會透過外部通道，直接從無管腺（內分泌腺）進入血管系統，對人體的所有功能幾乎都會產生非常重要的影響。近年來，科學界已經對這些分泌物進行了深入的研究，英國生理學家恩斯特‧亨利‧斯塔林（Ernest Henry Starling）還為這些分泌物創造了一個總稱——「荷爾蒙」[24]。特定的分泌物或者說「體液」，對應著人體不同的內臟器官，這種認識古已有之，但是對於這些微妙的化學物質製造的五花八門的「奇蹟」，迄今為止我們卻只有極其模糊的基本認識。例如，我們知道食物在胃裡所產生的刺激作用，能夠透過消化系統的一種無管腺輸送出一種化學物質，透過血液進入另一種腺體，後一種腺體會

24　譯注：荷爾蒙是激素的音譯。

進一步分泌出消化過程所需的另一種化學物質。我們知道脖子上的甲狀腺腫大和收縮和性器官之間存在著十分敏感的關係；我們也知道正在發育中的胚胎，或者胚胎生長的組織所分泌的某種化學物質能夠「長途跋涉」，對母體的乳腺產生刺激作用；女孩的卵巢或者男孩的睪丸被徹底切除後，他們的身體會出現很多異於常人的變化，這些變化都是由於失去性器官所導致的，從而證明了這些器官分泌的荷爾蒙能夠產生多麼深遠的影響。

然而，我們不知道性生活和性體驗對器官的腺體能夠產生什麼樣的刺激，也不知道這樣的刺激有多麼強烈，我們也不知道性生活和性體驗在整體上對人的生活和人體能量產生著怎樣的影響，因為迄今為止生理學家還尚未對這些問題展開過研究。

孟德爾（Gregor Mendel）學派和信奉達爾文學說的突變學派往往都過於強調形態遺傳因素（我認為這樣的強調不科學），目前他們的觀點似乎只得到了普通大眾的接納，沒有在生理界引起重視。更重要的是，非常成熟的男性和女性應該知道，在某個內臟器官受到影響的時候，透過各種化學物質或者說「信使」（斯塔林給荷爾蒙取的別稱），身體上遙遠的器官活動也會立即，或者說幾乎是同步受到影響。

因此，不難看出，當跟性器官一樣至關重要的器官受到

影響時，肯定都會產生意想不到但是意義重大的結果。

那麼，完善的性活動對女性的身體會產生怎樣的影響呢？

誠然，在交媾的過程中，女性只會分泌出不多的一些外分泌物，而且以黏液為主。但是，對於人體消化以及分泌消化液的整個複雜過程和各種複雜反應，我們也觀察不到外部跡象。例如在人體出現性高潮的時候，我們的血管和肌肉會出現劇烈的反應，明顯變得緊張起來，我們必然會認為其間肯定存在著相應的深層內部關聯。這些器官至關重要，我們已經知道它們的存在與否本身就能夠對女性的性情產生影響，但是在高強度的前戲刺激下，以及出現性高潮的強烈快感時，它們是否有可能不會對人體的生理機能產生影響？

提出問題必然是為了做出回答。我無法想像，和男性一樣的性高潮不會對女性產生深刻的生理作用。如果對這個問題非常了解的話，在面對當代社會大量「精神崩潰」、神經過敏的女性時，我們就會追本溯源地發現她們的問題是由於性活動不完整、受到的刺激不圓滿造成的，在當代婚姻生活中這種現象非常普遍。

這個問題以及無數衍生問題都值得最訓練有素的生理學家展開仔細地研究。整體上，對現代人類而言最有意義、至關重要的事情莫過於理解男性和女性在性方面的本質和需求。

　　我或許可以指出男性的性器官會產生外部分泌物，同時也會產生內部分泌物，前者只是在相應的腺體受到一定刺激的情況下才會被釋放出來，而後者似乎在源源不斷地被分泌出，雖然分泌量很低，但是這些物質不斷地進入整個系統並且對系統產生影響。我們已經知道女性的身體裡也一直發生著內分泌活動，某些內分泌活動只有在整個性活動的過程中受到一定的刺激才會發生，對我來說這一點是顯而易見的事實。

　　英國人和美國人在很多方面都走在全世界的前列，但是在這兩個國家對自己和丈夫的肉體結合感到不滿意的已婚女性的比例幾乎達到了空前的高度，儘管如此，她們還是和丈夫養育了兒女，在生活中的其他方面看上去都比較幸福。

　　有教養但是神經過敏的現代女性已經成了西方社會的代名詞。怎麼會出現這種情況？

　　我確信：造成這種痛苦的原因，就在於男性和女性雙方都對完滿的性活動的內部生理機能，甚至是明顯的外部表現缺乏認識。

　　只有充分釋放了生理機能產生的壓力，女性才能夠自然而然地獲得令人興奮的快感。很多男性醫生現在都認知到：女性在神經方面和其他方面存在的很多疾病，跟生理壓力得不到充分釋放有關。哈夫洛克・靄理士曾在書中（《性與

社會》，1910 年，第 551 頁）引述了奧地利一名婦科醫生的觀點，「找他求診子宮疾病的女性中，每 100 個人裡就有 70 個人存在子宮充血的問題，他認為這是由於不完整的性交所造成的」。《英國醫學雜誌》（1911 年 4 月 1 日，第 748 頁）上刊登過一篇文章，文章的作者對幾個病例做了介紹，他提到的患者都患有非常嚴重的神經性疾病，在她們丈夫的早洩得到治癒後，她們的神經狀況也恢復了正常。

我花了整整一章的篇幅論述睡眠的問題，但是和性反應密切相關的人體內部活動有無數外部表徵，睡眠只是其中的一項。無論從哪個方面而言，如果夫妻二人能夠正確地完成性儀式，無論男性還是女性都會獲得睡眠的呵護，他們全身上下每一個器官都會受到影響和激發，發揮正常的功能，他們的精神在沖上雲霄，體驗了炫目的刺激之後就會墜入沉睡中，然後又輕輕地回落在日常感覺的大地上。

第七章　關係的距離

因此，愛或不愛的可能性和長壽與否沒有多少區別。人能做到的就是照顧好自己的身體和愛情。

—— 愛倫凱

顯然，從古至今藝術家們一直在讚美頌揚赤裸的人體，詩人也在用隱晦的語言做著同樣的事情。在米洛的維納斯（Vénus de Milo）[25] 的巴黎居所裡，就連沒有頭腦、造型荒誕不經的時尚人士也會屏氣凝神地在她的面前駐足片刻，從她身上體會那神聖的奧祕。一天，我站在這位古代女神的面前向她表達著我的敬意，沉醉在她渾身上下和諧動人的曲線傳遞出的力量和快樂中，就在這時一位漂亮的年輕女士走到了雕像跟前，這位女士穿著緊得令人感到匪夷所思的緊身衣。她停下了腳步，帶著哭腔對身邊的那位男士說：「她的身材也太完美了吧！」

冰冷的大理石都能如此強烈地激起我們的熱情，熱乎乎、活生生的美麗肉體所能激起的熱情該有多麼強烈啊！身材健美的年輕男性和女性一旦擺脫了愚蠢的現代服飾的束縛，他們的身體就會變得遠比被服裝包裹時更優雅美麗，美麗女子的身體將美得不可方物、難以言表，唯有詩意的狂喜

25　譯注：《米洛的維納斯》創作於西元前 2 世紀末，高 204 公分，1820 年發現於愛琴海的米洛島，1821 年被羅浮宮收藏，這尊雕塑被譽為古希臘「黃金時期的縮影」。

能略微傳達出幾分。在濃情蜜意的時刻脫去愛人的衣服，那又該有多麼美妙呢？

在一絲不掛的狀態下，男人和女人都不會顯得俗氣。一旦褪去俗麗之物，擺脫曲線粗糙、線條和色彩彆扭的所謂的「飾物」，從散落一地的飾物中走出來的就是一個極致樸素的赤裸身體。就連最衣衫襤褸的街頭流浪兒都是如此，當他們在河堤上脫掉身上的破衣爛衫，一頭紮進河裡的時候，他們看上去多麼迷人啊！

因此，不難想像在愛意來襲的無數甜蜜時刻，有那麼一刻應是愛侶向彼此展示這種豐富鮮活的美，允許對方進入並盡情享受這幅美妙的畫卷。世上大部分這樣的美景都足以吸引藝術家的目光，令藝術家感到心滿意足。

然而，在這種時刻，女性的衝動會起伏不定，造成這種情況的原因至少有兩個，這兩個因素都是生物週期產生的自然結果。女性在每個月裡都會經歷一段特殊的時期，傳統觀點認為在這段時間裡女性是「不潔的」，由於這種傳統觀念再加上女性自身在這段時期出現的明顯需求，女性會主動遠離丈夫，甚至避免被丈夫看到。但是，在月經之前的一段時間裡，女性的身體總是會達到最佳狀態，胸部變得比平時更加圓潤飽滿。（這是女性週期性生理活動的一個結果，月經也是這個生理週期過程的一個外在表現。）這時候，有的女

性能夠模模糊糊地意識到此時自己有多麼美麗動人、多麼完美，有的女性對此則一無所知，但是受到這種生理力量溫柔的驅動，當愛人向她們表現出熱情的時候，她們都會欣然向愛人展示這種變化。當生命力的大潮按照自然規律重新低落下去時，這種純真的女神般的自信又會隨之退去了。

　　如果愛人身上的這些美好變化不會在各種力量的作用下變成一種單調、模式化的狀態，男性該有多麼幸運啊！因為，現代社會的男性幾乎和古代的男性沒有什麼區別，近在手邊、穩定不變的美對他們的吸引力，必然遠遠弱於週期性生活所具有的那種難以捕捉、不斷變化的魅力。有些女性進化充分，擁有良好的教養，有足夠的學識讓自己擺脫生理週期的束縛，同時又能夠充分發揮自身生理節奏的優勢，透過這樣的女性，男性追求多位配偶的本能就會得到滿足，他們會對女性身上不斷變化、自然而然達到最佳狀態的各種魅力著迷。在女性的自然變化過程中，有一段時間女性的活力會有所衰退，在這個階段，女性會感受到自己和男性在性方面存在深層的差異，一旦自己獨處的清靜受到對方的打擾，女性就會產生強烈的不滿。

　　而女性恰恰會忘記這一點。她們一直接受著男性的全面「調教」，因此會欣然接受自己在婚後完全屬於丈夫的觀點。她們始終如一地滿足著丈夫的要求，就這樣毀掉了丈夫

「追求」她們的機會，而追求女性的過程原本會令男性享受到亢奮、令人心悸的陶醉和驚喜的感覺。

現代生活瑣碎平凡，令人感到沮喪，很多夫妻都過著類似下述的這種生活：夫妻住在一間臥室裡，很多夫妻甚至一起用一張床（幸運的是，這種令人反感的習慣逐漸式微了），情緒高昂、對彼此產生興趣的時候在一起，大部分不堪的時候 —— 甚至是上廁所這種可笑尷尬的時候 —— 兩個人也守在一起。心目中的女神將頭髮高高地綁成難看的髮髻、用肥皂清洗耳朵，這樣的景象看上一次甚至兩次，或者說隔上很長一段時間看一次，男性可能還會感到陶醉，但是這種景象本身並不美好，絕對不會令男性永遠著迷。看著愛人坐在注滿清水的浴缸中 —— 這種景象或許永遠會令男性感到痴迷，但是洗澡的整個過程充滿了不雅觀的瑣碎的細節，原本的迷人之處因此會大打折扣。如果反覆看到這一幕的話，男性原本應該對愛人的身體產生的熱情和注意力只會變得越來越微弱。夫妻倆整日在一起，共同經歷著這些不可避免、平淡瑣碎的日常生活，最終的結果往往就是他們在看到對方時感到的欣喜變得越來越微弱。就這樣，在不知不覺中，夫妻雙方對彼此所能產生的刺激也越來越微弱了，性活動帶給他們的快感也隨之減弱了，這樣的結果可悲可嘆，但是不可避免。

　　人們往往認為一旦完全成了丈夫的附庸，女性在婚後的生活中必然會保持一副端莊樸素的模樣。簡而言之，一旦受到這種形象的束縛，女性就會認為在丈夫面前自己可以做任何事情，無論是家務勞動還是自己的隱私之事。同樣的，她們也會允許丈夫在她們面前毫無遮掩，絲毫不在意含蓄的必要性。夫妻原本有機會共同享受到婚姻生活所具有的更高級、更詩意的魅力，然而無數夫妻都失去了這樣的機會，導致這種狀況的一個因素就是夫妻在生活中不分彼此。

　　在這個問題上，我更傾向於認為男性比女性承受的痛苦更多。因為男性在本質上依然是獵人，那個在追逐中產生慾望、興奮陶醉的獵人，永遠幻想著在林間碰到黛安娜（Diana）[26]。而女性的情況卻有所不同，一旦在婚後徹底屈服於丈夫，女性在丈夫身邊往往就會表現得很被動。

　　我想給為人妻子的女性提一個建議 —— 遠離丈夫。相比前幾章裡論述的深層生理因素，這個建議似乎顯得微不足道，但是這麼做對丈夫是有好處的。遠離低級、瑣碎、平庸，盡量確保只在給雙方都帶來愉悅的情況下，才允許丈夫來到你的身邊（儘管一開始看起來不太可能，其實只要花費

26　譯注：黛安娜是羅馬神話中的月亮與橡樹女神，羅馬十二主神之一。羅馬時代，黛安娜吞併了希臘女神阿提米絲（Artemis），成為狩獵女神，代表植物和野獸的女神。在羅馬後期藝術的描述裡，黛安娜熱愛戶外生活，在林莽山野間與女侍從一起狩獵。黛安娜是一位嚴厲的處女神，反對男女婚姻，因此在英語中「黛安娜」可用來表示「終身不嫁」。

一點心思，改變目前的生活習慣，你就能實現這個目標）。

將自己鎖在浴室裡，讓丈夫匆匆瞥一眼妳充滿反叛的臉龐，這種感覺對男性來說，遠遠勝過和他們共用馬桶和洗手臺的賢惠溫順的妻子帶給他們的感覺。

第八章　性活動與創造力

透過意志的魔力將性轉化為情感和精神，這樣的愛多麼令人沉醉，多麼打動人心，就如同最珍貴的美酒一樣。毫無節制地任由愛透過身體流失，對個體來說是一種多麼嚴重的損失啊！最起碼根據人應謹慎地獲得歡愉的原則，這的確可以說是一種嚴重的損失。讓愛變得庸俗——相愛的男女雙方最擔心的事情莫過於此，很多婚姻之所以破裂都是因為撞在了這塊礁石上。

—— 愛德華‧加本特

由於婚姻常常會撞在這塊礁石上，或者說由於古往今來無論男性還是女性，都渴望獲得精神上的美，因此總有一些人會拒絕享受肉體的美妙之處。無疑，在努力控制自己的身體，緩慢追求更高級的愛的過程中（而且在這個過程中還會經常出現倒退的情況），人幾乎都得益於禁慾行為。但是，這種做法已經過時了。現在，我們對自身力量的控制能力越來越強，對身體反應所蘊含的複雜意義以及產生的精神結果的了解越來越多；在未來，人類會將夫妻視為最高級的社會結構單位，他們透過愛結合在一起，因此能夠掌握人的全部潛能，同時還能獲得只有完美的愛才能夠催生出的更高層次的潛能。

但是，我們生活在今天，而不是未來，因此我們的心裡和身上還遺留著很多古老的標準。沒有多少男人不是婚姻的

產物（女性的情況不如男性那麼普遍）。在擁有以愛情為基礎的婚姻，並且數年裡一直過著在外人看來幸福的生活後，男性和女性都有可能會逃避性生活，有不少人會對性嗤之以鼻，認為自己透過對性的鄙夷而上升到了一個更高的層次，這種情況並不罕見。然而，這種人很少會自問在尚未放棄性生活的時候，自己可曾達到過性生活的最高層次。

對於婚內禁慾這種做法，最有名的實踐者中就有托爾斯泰，這位大作家在後期表示最高層次的人會完全抑制住自己的性慾，過著禁慾的生活。然而，沒有多少禁慾主義者完全了解人體的生理機能，在我看來，儘管他們滿懷真誠而虔敬的熱情，但是他們往往缺乏神祕主義精神，要想充分了解到透過男女兩性最高層次的結合產生的新的創造物所具有的意義和潛能，這種神祕主義精神是必不可少的。無疑，倘若去掉氧原子和氫原子，即使只有一小時，人類根本無從得知它們形成的水滴都有哪些物理性質。

和人類社會的大多數宗教一樣，基督教在初期階段也出現過洶湧的禁慾大潮。當時出現了一種嚴格而殘酷的禁慾主義，對異性充滿了敵意，至今這種禁慾主義依然存在。不過，更有趣的是歷史上還出現過一種浪漫的禁慾主義，這種禁慾主義無法接受同時期的異教所充斥的肉慾色彩，但是也沒有完全禁止信徒享受和夥伴給予彼此的魅力和歡愉，這些

　　早期的基督教禁慾者似乎透過這種殘缺不全的方式獲得了婚姻生活帶給人的某些無形的益處。哈夫洛克・靄理士在《性與社會》對這種禁慾主義的愛情結合做過一段有趣的描述：

　　　　聖金口約翰[27]講了起來（在名為〈反對讓妻子保持處女之身的男人〉的一次傳道中）：「我們的父親只知道兩種形式的性行為：婚姻和通姦。現在，又出現了第三種形式的性行為：男子將年輕的女子領回家，讓她們永遠保持原樣，對她們的處子之身尊敬有加。」講到這裡，聖金口約翰問道：「原因呢？在我看來，和女人一起生活似乎很美好，甚至在戶外行房事和肉體交易也不例外。這就是我的感覺，也許這不只是我一個人的感覺，有可能這些男人也都有這樣的感覺。若是這種歡愉不夠強烈、不夠霸道，他們是不會如此不愛惜自己的名譽，也不會惹出這樣的醜聞……這種事情應該非常能給人帶來愉悅感，能夠產生比夫妻交媾更熾烈的愛，這個事實一開始或許會令你們感到驚訝，等我告訴你們證據後，你們就會同意這種說法了。」他繼續說道，「在婚姻中，如果不對性慾有所節制的話，夫妻往往很快就會對彼此產生厭惡，暫且不論這個，就連性交、懷孕、生產、哺乳、撫養孩子以及和這些事情相伴而生的痛苦和焦慮很快也會摧

27　譯注：約翰・屈梭多模（John Chrysostom, 約 349-407），基督教早期教會的重要神父，享有「金口」的美譽，做過君士坦丁堡的主教。

毀你們的青春，減弱愉悅的強度。童貞處女可以免受這些負擔。她們保留住了活力和青春，直到 40 歲的時候，她們或許還能跟迷人的妙齡女子不相上下。因此，和她們生活在一起的男人內心燃燒著更加熾烈的烈火，即使慾望得到滿足也始終無法熄滅耀眼的火焰，這火焰只會越燒越烈。」聖金口約翰鉅細無遺地描述了他那個時代的摩登女郎們所需要的細微照顧和關注；無論在公共場合還是在私底下，這些男人都欣然地對他們的童貞愛人給予著這樣的照顧和關注。但是，他又不禁想到不停親吻、擁抱不曾被自己奪走童貞的女人，這樣的男人在一定程度上其實將自己置於了坦塔羅斯[28]的境地。早期基督徒們毅然拋棄異教世界放蕩淫亂的生活，對他們而言這種新形式的溫柔童貞可謂是一種美好的新發現，其實這種童貞觀念根深蒂固，我們經常能看到早期教會那些嚴肅的教父出於對醜聞的擔憂，認為自己的天職就包括對這種事情提出非難，但是他們的譴責時常隱約地夾雜著一絲同情的意味。在給尤斯多琴（Eustochium）的信中，哲羅姆[29]提到

28　譯注：坦塔羅斯（Tantalus）是希臘神話中主神宙斯之子，起初甚得眾神的寵愛，獲得別人不易得到的極大榮譽：能參觀奧林帕斯山眾神的集會和宴會。坦塔羅斯因此變得驕傲自大，侮辱眾神，結果被打入地獄，永遠受著痛苦的折磨。後來人們用他的名字比喻受折磨的人，「坦塔羅斯的苦惱」指的就是看得到目標卻永遠達不到目標的痛苦。

29　譯注：哲羅姆（Jerome, 約 340-420），古代西方教會領導群倫的聖經學者，生於義大利的一個基督徒家庭，在早期的拉丁教會中他被尊為四位西方教會聖師之一。為了克制自己對性的慾望，他一度過著隱修禁慾的生活，後來又回到俗世。他一度受到了羅馬一群婦女的贊同和支持，其中最突出的是學識淵

了「同居一室」，甚至經常同睡一榻的夫妻，還說無論我們做出何種論斷，他們都會說我們太多疑了；居普良[30]（《書信》，第 86 頁）則無法對自己聽聞的那些男人提出譴責，例如一位助祭就經常和多名處女性交，甚至和她們同床共枕，他公開表示過，自己之所以無法指摘這些男人是因為女性的性力虛弱無力，而青春又稍縱即逝。

　　但是，一提到「禁慾」這個詞，人們能想到的基本上就是嚴格的禁慾者。即使一個人實現了自我克制的奇蹟，戰勝了自己的慾望，他往往還是會變得更加虛弱，而不是更加強大，因為他一心想要無視自然的力量。當亞當和夏娃「生養眾多」的時候，他們的內心就被灌輸進了慾望，除非是真正的聖人，否則超出理性範圍地限制、壓迫這些慾望會讓人變得扭曲、狹隘。正如愛倫凱《愛與婚姻》所說的那樣：「那些禁慾者告訴世人，唯有自我克制才能駕馭我們的性本能，即使這種克制完全對生活造成了干擾，這種人就跟面對發燒的患者時只知道給患者降溫的醫生一樣，即使患者被治死了，他們也無動於衷。不過，這些禁慾者或許是透過兩種不同的途徑達到這種狂熱程度的：一部分人痛恨邱比特，因為邱比

博的波拉（Paula）和她單身的女兒尤斯多琴（Eustochium）。哲羅姆將後者視如自己的女兒。

30　譯注：居普良（Cyprian of Carthage, 200-258），非洲教會中第一位殉道的教父，終生單身，過著貧苦的生活，因此追隨基督。

特從來不曾眷顧過他們，大多數女性禁慾者都屬於此列；另一部分在驅逐邱比特，因為邱比特從來不會放過他們，大多數男性禁慾者都屬於此列。」

醫學界在用更現代、更科學的態度審視這個問題，對這個問題進行公正地探究，醫生們能夠列出一大串疾病 —— 從神經痛、神經緊張到急性腫瘤的生長 —— 無論患者是男性還是女性，這些疾病的產生或多或少都跟禁慾有關。非常值得注意的是，即使（就像很多未婚女性那樣）並不知道性衝動不受自己的控制，人們還是有可能患上這些疾病。

因此，禁慾者和縱慾者（無論是在婚內還是婚外）都有可能受到疾病的侵襲。但是，據我所知沒有一種疾病是由正常的、令雙方都感到幸福的婚姻關係所造成的，這種關係對大部分人都會產生積極的效果，幫助他們恢復健康、煥發生命力。

禁慾者能夠領悟到一條深刻的真理：性的創造力可以被轉換為其他活動。在婚姻生活中，我們絕不能忘記這條真理。在一次次自然、幸福、激動人心地發揮性功能的間歇，人們應利用禁慾的機會將健康的性能量投入各種工作中去。

第八章　性活動與創造力

第九章　適當的節奏

　　我為你們而生，你們為我而生，這不只是為了我們自
己，也是為了其他人。
　　讓更偉大的英雄和詩人進入你們的夢鄉，
　　除了我，任何男人的觸摸都不會喚醒她們。

　　　　　　　　　　　　── 華特‧惠特曼（Walt Whitman）

　　就在頓悟的那一刻，神祕主義者的人格發生了變化，從
而達到了天人合一的境界。

　　然而，普通的男女從不曾體會過這種神祕的狂喜，普通
人熟悉的是背離造物的力量，而不是與其合而為一。在令人
幾乎神魂顛倒的狂喜中，神祕主義者的身心徹底融化了，飄
浮在那股神聖力量的光芒中，這種狂喜和愛侶體驗到的狂喜
是一樣的。

　　一對在各個方面都相互匹配的愛侶被體內的無窮力量燃
燒著，這股力量促使他們的身體渴望擁有彼此，渴望進入對
方的身體，同時又包裹住對方的身體，這時合為一體的體驗
帶給他們的狂喜就不單單只是肉體的歡愉了。就在歡喜至極
的那一刻，他們的精神也發生了那種幾乎令人神魂顛倒的變
化，男女雙方的精華部分通通都被捲入了這股浪潮中。可以
說，相互接觸所產生的熱量讓他們的意識蒸發了，瀰漫到了
整個宇宙空間裡。一時間，他們和神的思想 ── 那股不停
湧動的永恆力量 ── 產生了連繫，這股力量就是神祕主義

者常常看到的「金光」。

共同進入這樣的極樂世界之後，愛侶將那裡的一縷光芒帶了回來，這縷光芒就是我們所說的生命。

就這樣，他們有了一個孩子。

無論大自然以怎樣複雜、繁多的方式誘惑我們，促使愛的人投入彼此的懷抱，它最終的目標就是讓我們生兒育女。[31] 只有兩個愛侶融合在一起，新生命才能出現；只有透過這樣的方式創造出新生命，我們才能將在物質世界照亮我們的意識的火炬傳遞下去。

迄今為止，這個神祕莫測、妙不可言的事實還從未得到過詩人的充分頌揚。但是，凡是知道真正的愛會讓凡夫俗子充滿神性的人，也都知道在創造生命的時刻，我們其實就在頌揚這個事實。

如果我們的身體是為了這個至高無上的目標所設計的，要想創造出新的生命，一對愛侶就只需要穿過神聖的烈火相互融合在一起。但是，無論我們的心智進化到了什麼程度，構成我們軀體的物質依然帶著我們經歷的一個個階段留下的痕跡，正是透過這些階段，我們發展到現在這個狀態。在低級動物的世界裡，被創造出來的大量的年輕生命都會被耗費

31　編注：作者的這種觀點和前面的論述是有矛盾的，一方面告訴人要享受性愛，另一方面又說性的最終目標是生育。其實造物主造了男女兩種不同的生物，除了讓他們完成延續後代的使命，也有讓他們享受性本身的意思。

掉，因此動物必須大量生產，以確保一小部分的新生命能活到成年期。正是由於這個原因，人類的身體（不過，我們的身體比低級動物更特殊）依然會製造出無以計數個等待著孕育出生命的生殖細胞，其數量遠遠超過了最終能夠開花結果、繁衍出新生命的生殖細胞。

　　擁有這樣的身體結構，我們就根本不可能遵從神學家的指示，克制自己不去耗費潛在的生命。女性生殖細胞（卵子）的數量遠遠低於男性生殖細胞（精子），但無論是已婚女性還是單身女性，她們的身體都會一次又一次徒勞地製造出新的卵子。精子的損耗就更巨大了，甚至在一個精子幸運地被卵子接納，兩者形成受精卵的同時，還是有無數的精子陣亡了。如果神學家是認真的，真心希望女性能夠主動遠離所有男人，堅守單身，為了生育的目的保存能量，他們建議的方法其實根本無法實現他們的目標 —— 避免浪費潛在的生命。每個月，女性體內未受精的卵子都會被白白浪費掉，這樣的損耗根本不以人的意志為轉移。對潛在生命的浪費令禁慾主義主教們感到極度憤怒，但是安排這一切的是大自然，不是人類自身。如果在生命中的大部分時間裡，男女兩性的生殖細胞注定不會變成胚胎，而徒勞無功地死去的話，挑選最宜人的時機，盡力創造新的生命的做法應該毫無問題。

很多夫婦都意識不到這一點，這樣的夫婦往往會以最快的速度結合在一起，讓妻子受孕，這樣一來年紀輕輕的夫婦在婚後 9 個月 —— 或者更晚一些 —— 就會有孩子了。但是，如果夫婦倆擁有足夠的智慧，意識到自己做的事情究竟有著怎樣的意義，他們就會等上 6 個月或者 1 年的時間，才開始進行生命中這項至高無上的工作。這項工作的重擔基本上都落在了女性的身上。

　　出於很多原因，夫妻應儘早以自然的方式生育孩子；但是如果經濟條件不允許 —— 對於「文明」的生活，這種情況並不罕見 —— 男性和女性也還是應該結婚，只是延後生育的時間，而不是乾脆不結婚。

　　如果夫妻在年紀輕輕的時候就結婚了，他們最好等個幾年，等到有能力、有實力的時候再生兒育女。我知道的最幸福的一個婚姻就是一個最好的例子。這對夫妻在讀大學的時候就結婚了，14 年後他們生下了第一個孩子，一個非常健康的男孩。當然，這種做法不值得推薦，據說拖延這麼久會導致不孕不育（避孕措施並不會造成不孕不育的問題 —— 威廉·J·羅賓遜），這對夫婦真正成功的地方在於他們一直過著正常的、令人滿意的幸福生活，而不在於他們一直冒著男方有可能「體力衰弱」的危險苦等了 14 年。

　　無論是為了自己還是為了孩子，出於很多原因，有可能

生兒育女的夫婦都應該採取明智的避孕措施，延後生兒育女的時間，除非情況特殊，他們不確定能否一直生活在一起。

在夫妻達到狂喜、滿懷希望的狀態下孕育出的孩子理應享受到父母盡心盡力創造的各種物質條件。對胎兒的健康來說，頭等重要的事情就是母親在懷孕期間應該保持身體健康、心情愉快，遠離焦慮的情緒。

婚姻能夠對女性的整個身體產生巨大而深遠的影響，正因為如此，女性更適合在婚後一段時間受孕，而不是剛剛結婚的時候。因為經過一段時間，她們的身體才能夠適應新的生活環境，她們也才能恢復冷靜，身體也才能恢復健康。

但是，將第一次受孕的時間延後一些並非只是出於對孩子的考慮，這麼做也是為了幫助愛侶維持婚後的幸福生活。通常（但是並非毫無例外），在面對妻子懷孕和孩子出生必然會出現的混亂不堪、重新適應的階段之前，夫妻首先應充分穩固雙方之間的關係，這才是明智的做法。

在這本書裡，我主要闡述的是英語國家的性生活狀況，對世界其他國家的情況提及的不多。在我們目前這種高度文明，社會群體以後天形成的關係為主的社會裡，過早生育無疑需要男性做出巨大的自我犧牲和自我約束，他們因此會產生很多下意識的反應，其中就包括一種難以言喻的失落感，他們會感到自己和新婚燕爾的妻子過起了分居的生活。很多

男士都向我透露了他們的這種苦惱，這些男士長期以來一直非常信任我，向我講述了他們各自生活的祕密。C先生就是一個典型代表。

C先生是一個穩重、優雅、非常浪漫的男人，他把愛全都傾注在新婚妻子的身上。C先生也是一個很有陽剛之氣的男性，精力充沛，對性有著比較強烈的需要，可是他不了解女性也有著同樣的需求，他從來沒有讓妻子達到過高潮（很多男性都是如此）。因此，他的妻子在肉體結合的過程中從未產生過快感，對她來說這樣的夫妻結合是不完整的。

婚後不久，C先生的妻子懷孕了，就在距離結婚那天整整10個月的時候，他們的孩子降臨人世。

在孩子出生後的前兩年裡，C先生的妻子始終沒有多少精力，性生活令她感到反感，因此她一直在拒絕丈夫的請求。直到結婚3年後，他們才又恢復了正常的夫妻生活。可是，由於長期缺乏性生活，C先生一直承受著壓力，再加上日復一日的家庭生活已經讓兩個人非常熟悉彼此了，因此C先生對浪漫的需求即使還沒發展到蕩然無存的地步，至少已經有所減弱了。夫妻雙方原本應該對對方產生的刺激也減弱了，結果他們在性生活中就再也不曾體驗到那種令人神魂顛倒的強烈快感了。

另一對夫婦也遭遇了類似的問題。由於D太太的身體

總是感到不適 ── 有時候是真的，有時候只是她自己謊稱而已 ── 她和丈夫有好幾年都沒有發生過性交。幾年後，D 太太的身體恢復了正常，這時候她對真正的夫妻關係產生了強烈的渴望，然而她的丈夫卻覺得已經不可能滿足妻子的願望了。正如 D 先生所說的那樣，在他看來，和妻子性交「就像是在強姦自己的妹妹」。

一旦男人產生這個念頭，「重新獲得最初的那種狂喜」就非常困難了。而一旦失去了最初的狂喜，夫妻雙方在餘生中就再也體會不到那種光芒四射、彌足珍貴的喜悅了。這種喜悅的體驗之所以珍貴，不只是因為它本身非常美好，還是因為它具有十足的活力。

但是，如果只是等上幾個月（甚至幾年，如果夫妻雙方都比較年輕的話），夫妻雙方就會在這段時間裡逐漸學會適應對方，體會到完整的性愛所能帶來的圓滿極致的快感，生育孩子對夫妻生活的干擾就不可能危及他們的幸福，反而會為婚姻生活錦上添花，讓婚姻生活變得圓滿起來。

有一位男士曾經對我說過一句話 ── 為了心愛的妻子，男人可以忍受一切。但是，要想成為最「心愛的妻子」，女性不僅需要和心愛的配偶一起進入極樂世界，而且還必須根據自己的經驗，充分意識到每當自己的身體狀況不允許自己和丈夫進行性生活的時候，丈夫究竟失去了什麼。

關於在女性懷孕期間夫妻能否性交的問題，人們已經寫過很多文章了，在很多有關性問題的著作中或許都找得到相關內容。在這個問題上，個體不同，經驗不同，因此在不了解具體情況的時候，任何人都難以、甚至根本無法提供具體的建議。

不過，看一看棲息於林間的雌性動物中，懷孕的個體有多麼迷人聖潔，再想一想現代社會中有多少生活習慣都完全無視或者忽視女性的需要，我們就會情不自禁地認為對於這個尚無定論的問題，為了穩妥起見，在孩子出生前至少 6 個月的時間應當克制自己的慾望。但是，我從很多女人那裡聽到她們在這 6 個月裡其實有著強烈的性慾，其他一些女性則表示她們壓根兒就不會想到性交這個問題。

（在孩子出生前至少 6 個月裡禁慾對夫妻來說過於嚴屬。由於某些原因，在孩子出生後女性也應先等上 6 週或者兩個月再恢復性生活，這樣一來，在妻子每一次懷孕時，丈夫前前後後就必須禁慾大約 8 個月的時間。對有些男性來說，如此之久的禁慾生活是難以忍受的，有些男性則根本無法忍受這樣的煎熬。對有些人來說，這樣的禁慾生活有可能會帶來一些非常令人不快的問題。對所有的妻子來說，性生活處於最佳狀態的女性來說，8 個月的禁慾生活也同樣令人難以忍受，尤其是一想到有些女性即使在懷孕期間也有著旺

盛的性慾。不，這樣的禁慾毫無必要。在孩子出生前和出生後分別堅持 6 週至兩個月的禁慾生活就足夠了，不多不少，剛好合適，對丈夫、妻子和孩子都不會造成傷害。

　　—— 見威廉·J·羅賓遜編著的《女人她的性愛與愛》中的〈懷孕期間的性交〉一章。）

　　對於妻子處於懷孕或者哺乳期的時候夫妻進行性接觸的行為，托爾斯泰曾經提出過強烈的譴責。他稱丈夫這麼做會「讓妻子背上了難以承受的沉重負擔，扮演著多重角色：情人，精疲力竭的母親，病懨懨、愛發火、歇斯底里的女人。丈夫愛的是作為情人的她，無視作為母親的她，討厭那個愛發火、歇斯底里的她，而妻子之所以如此愛發火、如此歇斯底里，其實都是丈夫造成的，而且這種狀況還在繼續著。」在我們這個社會中，很多高尚的男性都接受了托爾斯泰的這種觀點。

　　當自己的身體成為孕育生命的聖殿時，女性會認為自己不應該允許丈夫進入自己的身體，但是她們也會考慮到大自然加諸男性的永恆不滅的壓力，因此關心丈夫的賢惠妻子就會想辦法幫助丈夫解決這種自然產生的生理需要，釋放身體承受的壓力。

　　如果妻子能夠理解丈夫的這種需求是婚姻生活中最美好

的事物之一的話，她就能夠對丈夫產生同情心，這樣一來夫妻二人在心理和精神層面都能夠達到和諧的狀態，丈夫內心極度無私溫柔的一面就會被喚醒。很多男性都痛苦地深陷於以自我為中心的泥淖中，如果懂得如何喚醒蟄伏在男性身上溫柔的一面，女性也就能夠幫助丈夫脫離這樣的困境。

對一個滿懷熱情、全心全意愛著妻子但是長時間無法和妻子親密接觸的男性來說，總有一天他會感到即使沒有更多的肢體接觸，只要能夠靠近妻子、愛撫妻子就足夠了，這樣的接觸已經足以幫助他釋放壓力了。但是，要想實現這一點，女性在婚後就應該一直保持著優雅、端莊的模樣，以確保自己的胸部和美麗的容顏能夠令丈夫感到賞心悅目，令丈夫感到能夠見到這樣的美景完全是自己的幸運。

在女性生下第一個孩子後，為了母親和孩子的健康，夫妻不應匆忙生育二胎。他們至少應等上 1 年的時間再準備迎接第二個小生命的到來，也就是說，第一胎和第二胎之間至少需要間隔兩年左右的時間。

無論是對母親還是孩子來說，這一點都非常重要，其重要性已經得到了醫學專家們的普遍認可，一些聲譽卓著的婦科醫生甚至提倡兩個孩子的出生間隔時間應該保持在 3 至 5 年的時間。在所有的人際關係中，最恐怖的奴役和折磨莫過於女性在受到脅迫的情況下勉強懷孕生子，而最值得喜悅和

驕傲的事情則莫過於女性懷上心愛之人的孩子。這種觀念是對我們受到毒化的「文明」進行嚴肅反思的結果，按照我們原有的觀念，在大街上拋頭露面的孕婦應該為自己的行為感到羞恥。只有消除了病態骯髒的想法，一個民族才能獲得真正的健康，到那時即將成為母親的女性就能夠驕傲地帶著自己神聖的負擔走在大街上，就如同一位女祭司走在慶祝勝利的遊行隊伍中一樣。

關於父母遺傳給孩子的特質，對各種相關問題的研究都可以被歸入一個通用的名詞 —— 優生學 —— 的範疇。在這本書裡，我不會論述這些問題，我也不會對生產和養育孩子的問題進行闡述，因為很多作者都已經對這些問題進行過深入的思考了，而且我撰寫這本書的目的在向讀者指出性生活中或多或少受到其他人忽視的一些問題。

自始至終，我始終沒有提到各種異常情況，有一種情況幾乎可以算是異常現象，但是有些雙方都健康正常的夫婦也會碰到這種問題，因此在此我有必要大致談一談這種情況。

由於某種不太明顯的原因，兩個身體健康、相親相愛的人似乎就是無法懷上孩子，這種情況並不罕見。

傳統觀念認為造成這種問題的罪魁禍首是女性，對不能生育的女性的責難給很多人造成了難言的苦楚。現在，我們已經逐漸明白在一些沒有孩子的家庭，男性和女性造成這種

「過錯」—— 如果這也能算是一種過錯的話 —— 的機率是一樣的，在城市裡從事腦力工作的男性就更是如此。

如果孩子不是夫妻終極結合的產物，他們對孩子的喜愛可能就不如對自己的親生骨肉那麼強烈，這是人之常情。但是，如果心胸和眼界都比較開闊的話，男性還是有可能對妻子生下的孩子產生強烈的好感，只要這個孩子不是妻子透過委身於其他男人得來的 —— 身為丈夫的男性基本上都對後一種情況很排斥，這也是人之常情。現在的醫療技術已經能做到為女性注射精子，以人工手段幫助女性受孕。任何一對沒有孩子但是渴望擁有孩子的夫婦，都有機會透過這樣的方式生兒育女。注射精子的手術都是由女性醫生操作的，因此丈夫們不會產生自己的妻子受到侵犯的感覺。對於人工授精能否讓渴望懷孕的女性懷上孩子，誰都沒有百分之百的把握，不過醫學界已經有不少成功的案例了，其成功率之高，足以為一直沒有機會享受天倫之樂的夫妻帶來希望。這些夫妻之所以無法生育，有些是因為丈夫的確患有不孕症，有些是因為夫妻雙方的生殖器官始終不能相互配合，有些則只是因為莫名其妙地缺乏相互之間的吸引力。

（我要遺憾地向讀者揭穿人工授精的真相，打破人們對它的幻想。迄今為止，很多女性都已經嘗試過人工授精的方

法了，但是鮮有成功的案例，這種方法不太可能得到普遍的接受。在相當長的一段時間裡，人類還是只能依賴於傳統而自然的受孕方法讓自己繼續存在下去。

—— 威廉·J·羅賓遜）

有觀念認為胎兒在母體內發育的幾個月裡，母親的精神狀態會對孩子出生後的精神狀況和性格產生一定的影響。這種觀點往往會遭到人們的懷疑，因為難以找到證據證明這一點，而且男性知識分子也十分排斥這種觀點 —— 現如今，他們都習慣用化學術語解釋生命的奧祕了。

但是，在我認識的女性中，最聰明的母親或多或少地相信女性的確具有這種影響力。她們都相信母親的精神和心理狀況，以及生活環境都會對孩子的性格以及心理和精神力量產生極大的影響。

馬歇爾提到過一個有趣的事實（儘管他針對的是其他問題），這個事實也能夠佐證女性持有的這種觀點：「科學已經在動物的身上發現，透過哺乳，幼兒能夠獲得對某種疾病的免疫力，如果哺乳的母獸先前就對這種疾病具有免疫力的話，幼兒吃下的乳汁中就含有抗體。」我們完全可以用化學知識對這個事實做出科學的解釋，但是現如今我們已經對無管腺分泌出的各種荷爾蒙有了充分的了解，我認為在這樣一

個時代如果我們依然不承認母親在製造「化學信使」時的精神狀態有可能對孩子產生的影響，我們在這個問題上的態度就太草率了。母親製造的「化學信使」有可能會對正在發育中的胎兒的生理反應產生永久性的影響，靄理士指出（《性與社會》）：「對孩子來說，母親是最重要的家長。從懷孕直到生產，所有的因素都只能透過母體對新生命產生影響。」

傑出的自然學家阿爾弗雷德‧拉塞爾‧華萊士[32]認為母親不可能對嬰兒的精神狀況造成影響，他甚至認為這種想法根本就是荒謬至極。然而，我堅信這種影響一直都在發生著，母親一直在塑造、影響著遺傳因子。

因此，我想為沒有機會以正常方式成為父親的男性提一個建議：孩子固然孕育自妻子的身體，但是如果在胎兒成長的過程中，他能夠自始至終和妻子心意相通，支持她，為她感到開心，他或許就能在這個孩子的身上留下自己的印記。如果他能夠為妻子讀書、演奏動聽的樂曲或者帶她去聽音樂會，跟她分享自己最美好的想法和願望，他或許就能成為孩子真正的父親。儘管這個結論聽上去有些故弄玄虛的色彩，但是這種情況的確會發生的。

32　譯注：阿爾弗雷德‧拉塞爾‧華萊士（Alfred Russel Wallace, 1823-1913），英國博物學家、探險家、地理學家、人類學家與生物學家，和達爾文幾乎同時提出了自然選擇理論，但是他認為自然界的競爭機制最終導致大多數物種形成了相互合作的結果。正是受到他的啟發，達爾文發表了自己的演化論理論。

　　相反，如果妻子患有不孕症，而丈夫有能力和其他女性生育孩子的話，問題就更複雜了。在這種情況下，要想得到孩子，男性就不可能不以法律和社會習俗都不接受的某種方式跟其他女性達成合作。即使這種事情真的發生了，將自己和另一個女人生育的孩子帶回家，需要妻子做出的自我犧牲也遠遠超過了我們之前討論的那種情況下丈夫所要做出的犧牲。

　　令人感到不可思議的是，面對人類重要的生命活動，就連很多思想境界非常高的人都無法實踐自己高尚的思想意識。在我們的社會中，總有一些人堅持認為已婚夫婦不應該控制孩子的數量，他們認為生育控制這種做法是不道德的。這些人的基本立場就是人類沒有權力毀掉潛在的生命。事實上，如果略微了解一下人類或者動物的生理知識，他們就會意識到不僅所有的單身者，甚至所有的已婚男性，都不可避免地不斷浪費著無以計數的生命胚芽，只要有條件，這些胚芽都有可能跟卵子結合，形成新的生命。成千上萬的精子注定會死去，這是很自然的事情，僅僅為了保存其中的一、兩顆精子，這些人就鼓勵人們以極高的頻率連續生育孩子。由於生育時間十分接近，孩子們的體質會比較羸弱；如果他們出生的時間間隔得比較長，他們的身體原本有可能會比較強壯健康。

這些人意識到未出生的孩子的權利——不,甚至是未孕育出的胚胎的權利——可是他們對妻子的權利視而不見。對男性來說,妻子原本應該是最珍貴的,他們有責任保證妻子的健康和幸福。一旦受到上述這種具有偽宗教色彩的無知思想的影響,男性就會讓妻子一年接一年不斷地生育孩子。除非女性自身非常特殊,否則接二連三生出的孩子會不斷耗盡母體為了製造後代所儲備的至關重要的能量。孩子一個比一個贏弱,而生養他們的母親最終也會被奪去生命,即使這個過程非常緩慢。

當然,由於個體在健康和精力方面的差異、生活環境、家人獲取食物的難易程度,生兒育女的壓力對女性所產生的影響也存在著很大的差異。一般說來,與生活在鄉下舒適的環境裡,飲食健康的女性相比,經常忍飢挨餓,掙扎在城市骯髒不堪的貧民窟裡的母親更容易失去自己的孩子。但是,這些條件並不能決定一切。在一個子女眾多的家庭裡,即使生活條件十分優越,如果母親生育孩子的頻率非常高,排行靠後的孩子的死亡率也會遠遠高於排行靠前的孩子。

普洛茲醫生[33]發現第一胎在嬰兒時期的死亡率大約為220‰,第 7 個和第 12 個孩子的死亡率分別為 330‰和

33　譯注:阿爾弗雷德·普洛茲(Alfred Ploetz, 1860-1940),德國醫生、生物學家及優生學家,以提出「種族優生」概念而著名。

597‰。就這樣，「自然」的力量獲得了勝利，12 個孩子陸續榨取著母親的生命力，由於母體過於衰弱，在後面出生的孩子的死亡率甚至幾乎高達 60%。這是對生命力的巨大浪費！在悲傷的情緒中生育注定死亡、飽受折磨的嬰兒，這對母親來說是多麼恐怖無盡的痛苦經歷！

福雷爾在《性的問題》中指出：「在一些國家，醫生們可以毫不害臊地打發年輕男性投入妓女的懷抱，但是一提到避孕措施他們就會臉紅害臊，這種情況幾乎令人難以置信。傳統習俗和偏見造成的這種錯位的文明意識，對無害的事情火冒三丈，對極其惡劣的行為卻在給予鼓勵。」

有一個現象很重要：在荷蘭，嬰兒的存活率不斷上升，因此荷蘭人口也一直呈現成長趨勢，嬰兒的死亡率是全歐洲最低的，因為這個國家十分注重孩子的問題，認為孩子應該享受到優越的生育條件，而且生育應該是母親自覺、自願的選擇。在美國，令人髮指的「康斯托克法」（Comstock laws）[34] 將理智的科學避孕措施和非法墮胎混為一談，稱兩者都是「下流」事物，以這樣的方式阻止人們獲得正常健康

34　譯注：《康斯托克法》（又名「違反善良風俗法」），美國國會於 1873 年 3 月 2 日通過了這條反淫穢法案，這條法案的名字來源於狂熱的衛道士安東尼・康斯托克（Anthony Comstock）的名字，它規定墮胎和避孕均為違法行為，甚至禁止人們傳播避孕知識。康斯托克本人反對婦女解放運動，曾試圖禁演蕭伯納（George Bernard Shaw）的戲劇《華倫夫人的職業》（*Mrs. Warren's Profession*），因此蕭伯納創造了「康斯托克主義」（Comstockery）一詞。

的衛教知識，儘管如此，可怕的非法墮胎現象在美國的發生率還是超過了全世界任何一個國家。

我們應該認知到透過正確的醫學避孕方法避免意外懷孕的過程，並不會殺死已經形成的胚胎，這些方法只是阻止男性的精液進入未受精的卵細胞。將精子阻擋在子宮之外或者將進入女性體內的兩、三百萬顆精子通通殺死（而不是像自然過程那樣只留下一個獨苗）。即使母體裡形成了胎兒，男性每次射精時產生的無數精子還是不可避免地會被殺死，這是很自然的事情。數百萬顆精子被自然的力量犧牲掉了，再多犧牲一顆肯定也不能算是什麼過錯！讓男性射出的精子失去活力的方法很簡單，現今每一位有頭腦的醫生和外行都對這些方法有所了解。即使不透過人工方法讓它們失去活力，它們也還是會自然死亡並且分解掉。有關這方面的知識不難獲得。

對於那些認為我們沒有權利干涉自然過程的人，我們必須向他們指出整個人類文明 —— 將我們和動物區分開的所有事情 —— 都是人類對他們通常所說的「自然」進行干涉的結果。

宇宙中沒有任何事情能夠違背自然的力量，因為萬事萬物都是偉大的宇宙進程的組成部分。

但是，各種生命活動在宇宙萬物中所處的位置不同，只

有那些能夠引領人類向著更高、更完善的形式發展下去，讓人類變得更加強大的生命活動才值得受到我們的重視。在流經人類並且推動人類向前發展的生命和活力的大河中，只有這樣的生命活動才能保證我們不偏離主流方向。

　　對所有勇於傳遞生命這種令人敬畏的禮物，創造靈魂並且使其在神祕的物質世界中扮演一個角色的人來說，盡量保證傳遞生命的容器健康完善是一項神聖的職責，這樣孕育出的新生命才有可能成為服務於靈魂的最強壯、最美麗的工具。

第十章　冒險與堅守

　　滋養愛的並不是它所收穫的，而是它所施與的；一個男人和自己的妻子如果雙雙得到了極好的愛，他們給予他人的愛也對此產生了作用。

—— 愛德華‧加本特

　　男人是浪漫的，即使當代社會最普通的男性也不例外。先輩們曾穿越人跡罕至的森林探險，這讓如今的男性也都有意無意地對自由、美和冒險充滿了渴望。而今，文明社會和現代生活條件徹底改變了男性的這種渴望，但是在面對兩性關係的問題時，我們不應該忽視這種渴望。

　　提到「婚姻紐帶」這個概念時，就連最浪漫、最愛妻子的男性都經常會粗俗地哈哈大笑起來，甚至暗中感到惱怒。如果有人懷著友善的態度、真心誠意地問道：「在婚姻生活中，對男性來說最困難的事情是什麼？」他聽到的回答如果也同樣真誠的話，那麼用一句話概括就是：「永遠守在一起。」

　　沒有多少女人，尤其是真心愛著丈夫的女人，會了解丈夫的這種心思。對真心相愛的夫婦來說，對妻子懷有的溫柔和愛足以讓男人隱藏起自己的這種渴望。他們或許能夠維持住風平浪靜的表面幸福，但是他們對流浪的渴望並沒有徹底消失。對於真心相愛的人，這種存在於潛意識裡、不曾言明

的渴望或許並不像對外出旅行的渴望，而更像渴望重溫過去所帶來的那種細膩的喜悅——接近心愛之人生活的地方，打破神聖的分離狀態，就如王子一樣用吻喚醒心愛的人，男性渴望的正是重新體驗這個過程所具有的那種神奇魅力。

理解了本書之前各章節的讀者應該都能意識到一點：對夫妻來說，每一次性交都應是一場全新的冒險，每一次交合都必須經過一番全新的求歡過程，即使已經有了多年性關係的老夫老妻也不例外。

然而，如果求歡對象一直和自己過著過於風平浪靜的乏味生活，始終不曾受到過任何干擾的話，男性往往就會發現在這種求歡的過程中，自己難以全心全意地投入熱情，難以產生那種本身就能夠令人感到極致喜悅的強烈的浪漫感。

當然，大多數男性都得外出工作，但是數量龐大的中產階級基本上還過著維多利亞時期的家庭生活，透過在日常生活中的接觸，夫妻雙方在彼此的眼中都逐漸變得極其乏味和無聊了。

我認識一對非常有想法的夫婦，對他們來說對方帶給自己的浪漫喜悅的感覺太珍貴了，為了維持這種感覺，他們甚至分居在兩座房子裡。

不過，這種方法並不適合所有人，尤其是有孩子的夫婦。而且，即使身體不分開（分居兩處的做法必然需要一定

的開銷）或者也沒有能力採取其他措施保證夫妻雙方獲得身體上的自由，我們還是能夠透過很多方法保證精神上的自由。只要精神是自由的，我們就能夠在愛意濃烈的交合過程中享受到極致的喜悅。

但是，在當今社會的婚姻中，很多夫妻就連頭腦和精神上的自由也無法保證。

很多人都強烈渴望自己和配偶的結合能夠達到最理想的狀態，這種美好的憧憬或許正是導致婚姻變得令人窒息的元凶之一。為了讓雙方達到理想狀態的統一，夫妻中的一方就會有意或者無意地將自己的意願和觀點強加給對方，等兒女長大後，還會強加給兒女。

透過這種做法，男性自然而然地就會變得自負傲慢、固執己見，這種類型的男人在很多戲劇和小說中都成了笑料，從而加速了他們這個群體的消失，但是迄今為止這種男人還沒有絕種。自負的程度不那麼嚴重的男人常常被稱為「理想主義者」，從本質而言他們只能算是一群眼界狹隘的理想主義者。他們渴望夫妻間保持和平、步調一致，但是他們得到的只是表面的統一，只有頭腦比他們敏銳的人才能看出來他們實現夫妻間的統一並不是透過和諧的兼容並蓄的方法，而是透過破壞和凌駕於對方之上的方法。

我就認識一個這樣的男人，這個男人生性浪漫，但是顯

然不知道自己正在侵犯妻子的個性，妻子讀什麼書，和什麼人交朋友都得由他做主。不僅如此，他甚至「禁止」妻子買報紙，妻子在結婚前一直有讀報紙的習慣，他說一份報紙足夠他們兩個人讀了，可是他根本無視自己每天出門的時候會帶走報紙的事實──都不等妻子翻一翻。這個男人自認為自己比其他男人更成功，他覺得自己不只是一個浪漫的人，而且還是一個模範丈夫，每當妻子接受別人的邀請去參加社交活動──對方沒有邀請他──的時候，他就會指責妻子在破壞他們完美的婚姻。

頭腦自由是現代社會產生的一種自由，在夫妻雙方都渴望擁有這種自由，保持思想獨立的家庭裡，夫妻間的爭執是家常便飯。爭執會在家庭裡製造出一種不和諧、動盪不安的氣氛，破壞了維持正常家庭所必需的和平狀態和寧靜的安全感。

世上最困難的事情就包括兩個思想不同的人做到求同存異──保持自己的觀點，同時又不會竭力改變或者壓迫對方，而且還能夠信任對方的判斷，就像他們在認同對方看法時產生的那種溫暖的感覺。

當夫妻碰到重大問題時，如果一方願意向另一方徵求不同的看法，只有美好、大度的人才能意識到對方的姿態有多麼美好高尚。

只有美好、大度的人才能做到這一點，這個事實恰好證明了這種事情非常值得做。

夫妻二人也可以選擇更簡單的做法 —— 在意見不一致的時候，隱藏起各自的真實想法，或者在強勢一方的壓迫下，弱勢的一方將自己的性格特徵隱藏起來，這樣做最終會導致夫妻雙方都耗盡心力。由於心力耗盡了，他們希望給予對方的愛也就越來越微弱了。

在婚姻生活中，每個人都渴望找到知心人。有了知心人，你就勇於在大千世界裡尋覓真正的寶藏 —— 知識和經驗；在知心人的面前，你可以將自己的收穫一一展示出來，而不用擔心遭遇競爭，而且你確信自己會得到對方積極的反饋。對我們而言彌足珍貴但是對他人來說一文不值的財富會得到對方的欣賞和理解，嬌嫩、極其敏感的思想萌芽會得到澆灌與呵護，直到它做好準備，能夠在世界面前綻放出成熟的魅力。

在當今社會的婚姻生活中，女性對男性以及男性的工作給予這樣的關心和激動人心的欣賞的機率遠遠超過了男性給予女性的關心和欣賞。男性早已經習慣於輕視女性的意見，尤其是她們在智力問題上的見解，認為她們的想法最多只配得到用最友善的笑容掩飾的敷衍和迎合。

人們都認為在生活中有一些領域屬於女性的「勢力範圍」，一旦能夠針對自己掌控的範圍之外的話題發表一番值

得丈夫認真對待的見解時，即使丈夫是思想境界很高的人，生性敏感的女人也還是會感覺到丈夫的內心暗潮湧動，她們會把丈夫的這種反應當作意外的讚美。實際上，男性正是以這樣的方式剝奪了婚姻中的自己獲得圓滿的機會。其實，如果男性能夠和妻子實現肉體和精神的雙重統一，他們原本是有機會昇華到圓滿境界的。

在婚姻生活中，雙方都享有自由，都尊重對方的意見，這對雙方性格的充分發展具有至關重要的作用，但是只做到這一點是不夠的。生活還要求我們不斷拓寬興趣範圍。在文明社會逐步專業化的過程中社會出現了分化，在一定程度上正是由於不同類型的個體之間存在的差異，再加上男性熱愛流浪的原始本能的變異形式作祟，男性對接觸甚至體驗其他人生活的渴望變得越來越強烈。透過別人的生活，我們的內心和頭腦或許就能夠永遠在新鮮陌生的國度裡冒險。

極致幸福的婚姻就能夠體會到宇宙的奧義，如同神祕主義者進入狂喜狀態時那樣。但是，人類的能力無窮，即使是最高尚的、心智進化得最複雜的個體也只擁有其中的一部分能力。因此，即使是擁有了極致幸福婚姻的男女，也不可能擁有全部的生活經驗。在夫妻現實的生活範圍之外，必然永遠存在著五花八門的思維方式和形形色色的生活方式，而這一切都只存在於其他人的生活中。

在完整的人類關係中，各種各樣的朋友就像伴侶一樣是必須的。然而，由於目前存在的婚姻形式，很多夫妻都沒有條件擁有親密的朋友關係。造成這種問題的一部分原因在於一種社會禮儀 —— 每逢社交活動夫妻二人總是會同時受到邀請。最高層次的社交圈已經摒棄了這些規矩，但是在很多人群中這些規矩依然存在。誠然，在宴會期間夫妻會分開就座，但是他們始終還是近在咫尺，原本有可能妙趣橫生的人也會因此變得有些乏味。一想到自己的配偶有可能聽到自己又在重複別處已經說過的話，有些人就有可能會產生心理障礙，即使故事很精彩，也不願意說出自己知道的故事了，或者羞於表達自己對一些重要事情的看法。

不過，妨礙我們享受社交往來的還有另外一個原因，這個原因更嚴重，也更原始，在這個方面我們人類幾乎就沒有多少進步，這就是在性方面的嫉妒心理。很多人都或多或少地存在這個問題。夫妻中的任何一方要想在和外界接觸的時候不受到對方的評判，夫妻應對彼此有一定的信任，哪怕雙方的信任是有限度的。在當今社會，這種信任感十分罕見，凡是信任彼此的夫妻都非常引人注目。

嫉妒心是愛的光芒最容易投下的陰影，它往往會導致一個人產生疑心，不信任對方，讓對方無法享受正常的生活。

很難說究竟是男性還是女性的嫉妒心更強一些，而且在

不同情況下，嫉妒心的表現形式也有所不同。如果一個人生性善妒，這種心理將是最難以克服的缺點之一。

傳統習俗，也就是一代代人延續下來的做法，似乎已經在我們人類的大腦裡深深地烙印下了一種錯誤的觀念，讓我們堅信採用高壓手段形成的紐帶有助於強化夫妻對彼此的忠誠。不過，我們已經慢慢地拋棄了這種意識，當今社會針對年輕的妻子們出版的絕大多數指南類書籍，都花了一定的篇幅告訴讀者在婚後她們應該給予丈夫一定的自由，允許他們繼續和同性朋友交往。

這是不夠的。夫妻雙方都應該毫無保留地充分信任對方。男性和女性都應擁有單獨外出旅行、走親訪友、週末外出度假或者遠足的自由，並且不會受到對方的為難，不會激起對方絲毫的嫉妒心或者疑心，甚至對方不會產生絲毫消極的念頭。

誠然，很多人還沒有做好準備接受這樣的信任，有的人或許還會濫用這樣的自由。不過，卑劣的人性總是能找到滿足慾望的方法，即使獲得愛人的信任、享受到自由，人所能犯下的錯誤頂多也只是在受到嫉妒心支配的情況下偷偷摸摸做的那些苟且之事。然而，只有夫妻雙方享受到了這樣清新、毫無瑕疵的自由，他們才能夠培養起最圓滿、最完美的愛情。放開對彼此的束縛，兩顆心才能緊緊地貼在一起，牢

不可分，對婚姻關係來說這是一條至高無上的真理。

　　對已婚的愛侶來說，肉體偶爾分開一下，精神才有可能保持最親密的關係。對生性敏感的人來說，一段時間的分離和獨處有助於他們重新煥發生命力和創造力。

　　人類的靈魂太龐大了，如果兩個靈魂靠得太近，它們的一部分美好品質就會被隱藏起來，它們需要和對方保持一定的距離，這樣對方才能看到它們真正的面目。

　　對於展現靈魂的美好品質、享受獨處時光的機會，女性的寬容度基本上都低於男性。這或許是因為經過一代又一代人的「進化」，生兒育女和家庭生活對女性提出的要求已經令她們喪失了原本應該與生俱來的癒合能力。

　　我認為在辛格 [35] 創作的優美劇作《悲傷的迪爾德麗》（*Deirdre of the Sorrows*）中最可悲的一點 —— 儘管在戲劇裡這只是偶然出現的情況 —— 就在於當愛人的心裡剛剛出現了她之外的事情，女主角就覺得肯定要發生悲慘的事情了。迪爾德麗和愛人已經共度了 7 年的生活，在這段時間裡他們一直過著充滿詩情畫意、親密無間、一帆風順的生活，就在

35　譯注：約翰‧辛格 (John Synge, 1871-1909)，愛爾蘭劇作家及愛爾蘭文學復興運動的領導人，代表作有《騎馬下海的人》(*Riders to the Sea*)（1904 年）、《西方世界的花花公子》(*The Playboy of the Western World*)（1907 年）、《補鍋匠的婚禮》(*The Tinker's Wedding*)（1908 年）。《悲傷的迪爾德麗》是辛格生前未完成的一部三幕悲劇，改編自愛爾蘭神話故事。辛格去世後，葉慈 (William Yeats) 和辛格的遺孀莫莉‧奧爾古德 (Molly Allgood) 合力完成了這部劇作，1910 年該劇被搬上舞台。

第一次感覺到丈夫的心裡隱隱約約地出現了其他事情，不再只有她的時候，迪爾德麗感到一切都結束了，自己的命運已經敲響了喪鐘，所有的喜悅都化為烏有。

我們必須克服人類自古就有的這個性弱點，現代女性也的確正在克服這個弱點。

現代婚姻給予配偶雙方的自由度越來越大。同時，越來越多的人有機會從事自己感興趣的工作，這種情況的出現為夫妻超越牢牢束縛住女性、令男性感到無聊純粹的家庭生活，透過更高的層次建立親密關係的可能。每一年，我們都能看到女性變得越來越獨立，可從事的工作也越來越多，可是女性依然會為了婚姻而永遠告別精神生活。在婚姻生活中，除非女性和伴侶擁有同等程度的精神自由和機會自由，否則婚姻根本無法獲得充分的發展。

目前，大部分女性並不渴望自由自在地從事創造性的工作，即使擁有自由，她們也不知道應該如何發揮其價值，這種狀況意味著我們仍舊沒有擺脫歷史遺留下來的那些壓迫人性、阻礙人類發展的消極因素的影響。

W·J·托馬斯針對女性從事腦力勞動的問題寫過一篇有趣的文章（見《性與社會》），他在其中指出：「享有較多自由的美國婦女已經朝著專業學術研究的高度邁進了，一些人甚至在研究工作中占據了頂尖位置。然而，這些女性的問題

在於她們最終不是被現代婚姻制度壓倒、吞沒，就是發現自己不知道為什麼就是無法和男性實現充分的交往，也找不到施展才華的空間。」

托馬斯清楚地意識到這種問題只是社會發展過程中暫時存在的現象，他倡導已婚女性在更大的空間發揮出自己的能力：「女性從事自己選擇的職業，男性對此表現出寬容大度，這種狀況能夠減輕婚姻中產生的壓力，幫助很多人獲得美滿的婚姻。」

如果女性能夠自然而然地對蟄伏在自己身上的能力進行開發，男性會發現陪伴在自己身邊的不只是一位自由、強大的伴侶，而且還是一位令人滿意的朋友，一位精神伴侶。

女性渴望獲得身體和精神兩方面的求知自由，渴望能夠自由自在地體驗神聖的家庭藩籬之外的世界，乍看起來這種渴望或許和已婚夫婦追求更親密、更完美的結合相互矛盾，甚至是背道而馳的。這種矛盾狀態是顯而易見的，可是大部分作家都沒有意識到這一點。因此，「高級」學校裡採用的一部分教材以及教師在教學過程中，只會提到人們對自由的渴望越來越強烈，他們所說的自由是一種隨心所欲地漫遊於天地的自由，漫遊者不會回到固定的中心點的自由。

同時，有一些人基本上只注意到已婚夫婦的結合有多麼美妙，他們強調已婚男女應緊密結合，保持極端的貞操，這

些人往往會無視更豐富的生命體驗能夠讓已婚夫婦的生活變得多麼飽滿充實。他們試圖阻止婚姻生活吸收各種營養，透過這樣的方式不斷削弱著婚姻的豐富性和美好性，儘管他們並不清楚自己究竟在做什麼。

新一代的年輕人會意識到自己內心湧動的兩種強烈渴望 —— 渴望充分體驗生命，同時也渴望和終身伴侶緊密結合 —— 並不是水火不容的。實際上，這兩種渴望對於實現更完美、更充分的未來都是必不可少的要素，未來的婚姻形態現在已經開始在現實生活中有所展現了。

愛倫凱（《愛與婚姻》）似乎對已婚女性擴大生活範圍的問題感到擔心，她在文章中展現的態度似乎是想告訴讀者對從事高級專業工作和腦力勞動的渴望必然會削弱甚至扼殺已婚女性的母性。

她在文章中提到的是歐洲北方的居民，也就是斯堪地那維亞人（Scandinavian），她的同胞的情況或許的確如此 —— 我不了解她們的情況。但是，對全天下的女性來說，凱的說法是不正確的。我在本書中闡述的對象是當代的英語民族，我們中間的確有一部分女性的母性遭到了削弱甚至被扼殺了，但是這種女性只是女性中的一小部分，而且數量越來越少。大部分最優秀的女性還是會選擇婚姻，生兒育女，抑或渴望擁有更美好的婚姻，只是不願接受現實擺在她

們面前的那種扭曲拙劣的婚姻。

正如吉爾曼夫人[36]（《女人與經濟》（*Women and Economics*））所指出的那樣：「作為母親，女性必須具備一些特定的生理功能，她們也應該非常了解如何發揮這些功能，但是在發揮這些功能的過程中，她們並不能證明自己所具備的相關知識有助於她們充分發揮這些功能，而不是造成相反的作用。透過正常的生產活動，與外界接觸得越多，身為母親的女性就越能夠有效地發揮這些功能，世界各地的女性都是如此，無論她們屬於未開化的民族，還是農業人口或者工人階層 —— 勞累過度的女性則另當別論。女性越是被侷限於性功能，遠離一切經濟功能，完全依附於性關係謀生，她們在發揮母親的功能時，就越會出現病態的傾向。在經濟上依附於男性會導致女性在性的方面發育過度，從而對她們履行最基本的職責產生有害的影響。這樣的女性過於『女性化』，是不可能成為完美母親的。」

我相信大部分年輕女性自身都具有獲得完美愛情的潛力，大部分年輕男性也是如此。我們的社會體系施行的是一夫一妻制，然而在這種制度的掩護下，很多人都過著一夫多

36　譯注：夏洛特・帕金斯・吉爾曼（Charlotte Gilman, 1860-1935），美國女性主義先鋒作家、社會評論家、社會活動家、教師。她經歷過兩次婚姻，終生受到產後憂鬱症的困擾，大部分作品基於自己的生活體驗，代表作有《黃色壁紙》（*The Yellow Wallpaper*）、《她鄉》（*Herland*）。

妻的生活，透過這樣的生活方式不斷腐化墮落著。在當今社會，年輕男性中的佼佼者已經對一夫多妻式的生活感到了厭倦，透過父輩和朋友們的生活，他們已經充分看到了危險隱祕的一夫多妻生活有多麼乏味。

然而，正如現今的英國社會和美國社會，已婚的年輕男性大多都很無知，無法讓他們的妻子體會到肉體上的快感，無論他們多麼愛自己的妻子。這樣一來，隨著他們對新的冒險的渴望越來越強烈，他們遲早會對婚姻生活感到失望。

一位年輕的丈夫曾對我說過，「如果妻子明顯不喜歡跟丈夫交合的話，正派的男人是不會繼續跟妻子做這種事情的」，他們只能「另找別人了」。對於男性的這種做法，這位年輕的丈夫表示：「我們通通被叫做一夫多妻者！我們不是一夫多妻者。我們這麼做只是因為自己的婚姻糟透了、已經失敗了而已。」

不，他們不是一夫多妻者，無論是在當今社會還是未來社會，最優秀的年輕男性都不是一夫多妻制的擁護者。大多數男性在本質上並不贊成一夫多妻制，儘管他們的表現恰恰相反，儘管沒有多少人永遠只愛一個女人。然而，他們對性法律、社會習俗以及文明水平遠遠低於我們這個社會的原始部落一代代流傳下來的知識，因此他們一直在踐踏、摧毀他們內心極度渴望的事情 —— 成長。

　　因此，男性在心裡（在至少表面上看起來很幸福的婚姻中，男性不太可能會公開表示自己的這種想法）滋生了對另一種社會的渴望，於是他們就「另找別人」去了。誠然，他們不可能透過「別人」找到經由完美的婚姻獲得的那種體驗，甚至根本就沒有這樣的希望，但是這種生活能夠在一定程度上滿足他們對新的體驗、對浪漫的渴望，以及他們對和另一個人合而為一的那種感覺的渴望。透過這樣的方式獲得的滿足感往往能帶給他們一種浪漫的體驗，即使這樣的浪漫只是一種虛妄的感覺，但至少也是生命所能提供的最寶貴的一種體驗。

　　實際上，一個正派的女人不太揣摩得出丈夫究竟為什麼會遠離她，很多女性似乎都是這樣的。受到習慣和傳統的束縛，女性無法充分發揮出自己的能力，因此她們一直意識不到自己的興趣範圍和交談能力極其有限。家庭生活往往會變成一個被籬笆圍住的池塘，而不是波濤湧動、寬廣無垠的大海。出於本能，男性永遠渴望逃離受到限制、範圍有限的生活。在城市裡，男性找不到多少冒險的機會，放蕩的女人顯然就是一扇讓他們進入新世界、獲得新體驗的大門。

　　出於道德原則和本能，女性對賣淫這種事情都十分恐懼，也十分氣憤，所以她們不會花精力試著去理解男性在這個問題上的真實想法。

其實，有時候妓女提供的不只是肉體上的滿足，而且還有一種沉醉的感覺——雙方都縱情享樂的那種投入感，這正是很多丈夫沒能從妻子那裡找到的感覺。

如果正派的女性能夠意識到這一點，即使她們絲毫不會減少評判，消滅賣淫現象的努力，她們至少有可能站在一個更合適的角度，試著幫助男性擺脫賣淫業對他們的影響。

對於這種惡性循環，我們或許找不到源頭，但是要想擺脫這個循環，我們首先必須意識到我們就身處其中，對它的組成部分多少有一些了解。

男性談性變色，無視女性在婚姻中的需求，認為自己心血來潮的念頭就是婚姻的律法，由於這些表現，男性失去了激發忠貞於他們的愛人的肉體魅力技巧。就這樣，男性剝奪了女性原本應具有的一種魅力，反過頭來他們卻在為妻子缺少這樣的魅力感到懊惱。在他們看來，自己因此失去的不只是浪漫和美好的體驗，而且還失去了一種更高層次的東西，即完滿的交合帶給人的那種不可言喻的感覺。他們不會認為造成這種狀況的原因在於自己缺少技巧，他們只會責怪自己的妻子太「冷淡」，於是他們就另找別人去了。其實，只要懂得如何贏得妻子的心，他們就能從妻子那裡得到自己苦苦尋找的東西。一旦丈夫開始另找別人，妻子就知道婚姻的神殿遭到了褻瀆，她們的心中充滿了義憤，但是大多數女性都

和丈夫一樣對導致這種惡性循壞的真正元凶一無所知。

　　婚姻關係中存在的根本性謬誤對整個社會結構造成了深遠的、多方面的影響，不僅我們這個國家受到了影響，古往今來的世界各國都受到了影響。

　　身為妻子的女性之所以顯得黯然失色，還存在另外一個原因。這個原因很重要，正如讓·菲內特[37]指出的那樣：「在目前的條件下，情婦們享有一定的自由，而已婚婦女卻享受不到同樣的自由。」

　　過去的狀況和歷史演變已經有很多人研究過了，因此本書對過去的情況不予討論。當代的年輕人 ── 已婚的年輕人 ── 所關心的是現在和未來。未來充滿了希望。我們已經看到構成社會的一個個基礎單位開始出現了一種新型的關係。

　　在最高尚的社會中，愛將占據主導地位。在各種生活經驗中，伴侶之間的愛將永遠占據著至高無上的地位，但是它將不再是一種排外、扭曲的感情了。

　　朋友和孩子的愛、家人和同事的愛也都會對夫妻雙方能力的全面發展造成有益的作用。將各自的精華部分融合起來，夫妻二人就能夠一起達到某一方的能力受到削弱或者雙方都比較弱小的時候他們絕對無法達到的高度。

37　譯注：讓·菲內特 (Jean Finot, 1858-1922，有資料顯示出生於 1856 年)，法國記者、社會學家及作家，以反對種族主義理論而著名，最重要的著作是出版於 1905 年的《種族偏見》。

整體上，人類社會始終朝著個體越來越統一的方向進化，到現在我們幾乎可以說社會生活已經高於組成社會的每一個個體的生活水準了，也就是說社會超越了一切個體。正是透過單獨的個體組成的社會 —— 而不是我們每個人各自的生活 —— 人類才能夠在地球上永遠存在下去。

　　當充分建立了和社會的關係後，個體就會獲得健康和幸福，並且因此獲得各種能力，這樣的結果不僅關乎個體的生活，而且還會對個體存在的社會產生整體性的影響。

　　完美婚姻帶來的幸福生活會賦予私生活更多的喜悅，讓個體能夠為社會的命脈注入新的力量 —— 孩子，而且經過婚姻的改造，個體在面對自己的工作時也變得更有效、更完美，在個體調整和完成這種工作的過程中，社會也將造成一定的作用，這種工作產生的成果會被全社會共享。

　　因此，如何實現完美婚姻的問題應該得到全社會的重視。讓婚姻盡可能地帶給夫妻雙方快樂，個體的能力應得到解放，服務於社會利益，而不是繼續被浪費在無知、狹隘的束縛和低目標所帶來的徒勞無益的渴望和失望上。

　　在世上，幸福的已婚男女應如同耀眼美麗的光一樣，這樣的光不僅不會被隱藏起來，而且能夠照亮周圍所有人的生命。

第十章　冒險與堅守

第十一章　知識與自由

願知識越來越多，但永懷虔敬之心。

—— 丁尼生

　　在這個世界上，我們的身邊充滿了無數令人感到驚奇的變化和發展，若不是這一切隨時都在發生，我們只會將其視作難以置信的、幻想的產物。

　　雖然肉眼看不到我們呼吸的空氣，但是我們能夠感覺到空氣是渾然一體的東西，在第一次得知空氣實際上主要是由兩種氣體（以及其他幾種次要成分）所構成的時候，只有愚鈍、沒有想像力的人不會產生興趣，也不會感到驚訝。這兩種氣體本身都是無色的，它們就如同酒和水一樣混合在一起，形成了我們所說的空氣。

　　水的結構就更神奇了。它的成分只有兩種氣體，其中一種正是我們呼吸的空氣的組成成分，另一種也同樣是無色的，肉眼不可見，但是遠比另一種氣體輕。按照符合自身特性的比例融合在一起後，這兩種肉眼看不見的氣體就不再是縹緲、無形的氣體了，它們從空中落了下來，變成了一種新的物質，這就是水。

　　大海上洶湧恐怖的波浪，河流中搭載起船隻且晶瑩閃爍的潮水無不是這兩種肉眼不可見的氣體合而為一的產物，以某種形式存在而已。簡單地說，這些變化就如同男女在結婚

後發生的無數複雜而驚人的變化一樣。

對於愛情在個體生理方面產生的一種奇怪而神祕的影響，靄理士說過：

「面對性愛，男性一直對動力不足的問題感到困惑，也就是不可避免地受到制約的黏膜組織之間存在的巨大差異，這些黏膜組織是性愛的終極目標，似乎也是通往包容天地的情感海洋的大門。正如雷米・德・古爾蒙[38]所說的那樣，『由於一種妙不可言的神祕力量，那被遮掩住的黏膜的皺褶中蘊藏著無窮世界的全部財富』。思想家和藝術家都被這樣的神祕現象征服了。」

然而，我認為生理學的一些發現似乎已經為我們提供了打開這個神祕房間的鑰匙，讓我們有機會進入真理宮殿的大廳。這把鑰匙就是荷爾蒙，也就是被稱為「無管腺」組織的內分泌物質。我們每個人的身體裡都存在著無管腺組織，它們分泌出的物質會對其他器官產生影響，進而對個體生命過程的全部特徵產生影響。在男女交合的過程中，這種有形的分泌物和最微妙的精華物質在他們之間傳遞著，對每個人的生命都產生了影響，對對方更是產生了至關重要的影響。

38　譯注：雷米・德・古爾蒙（Remy de Gourmont, 1858-1915），法國後期象徵主義詩壇的代表人物，代表作有詩集《西蒙娜集》（*Simone*）（一譯《西摩妮集》），隨筆《海之美》等。

在我看來，男性和女性就是彼此的一部分器官，一個組成部分。從最嚴格的科學意義上而言——同時也是從神祕主義的角度而言——男性和女性是一個整體，一個完整的存在。「夫妻不再是兩個人，乃是一體的了。」[39] 無論是在生理層面還是心理層面，這句話都道出了真相。

人們渴望和他人建立親密無間的關係，擁有了愛，和愛人之間建立的關係就能夠滿足人的這種渴望。不僅如此，以愛為基礎的結合還能夠產生前所未有的、全新的創造物。

我所說的「創造物」並不是指男歡女愛的結晶，即有形的孩子，我指的是相愛的男女，在完美的交合過程中會產生超越物質世界的存在物。透過愛情的力量結合在一起的男女本身就是一種全新的、神奇的存在物，這種存在物不僅不同於兩者作為個體存在時的總和，而且還超越了他們的總和。

迄今為止，沒有多少人擁有過這種全新的創造物，因此我們還遠遠無法想像出這種存在物究竟具有多大的潛能，但是我們能夠模模糊糊地意識到它的力量肯定十分強大。

愛讓青年男女相互吸引，在這股吸引力的刺激下，他們感到自己的面前出現了一種宏大而美妙的體驗，這種感覺久久縈繞在他們的心頭，難以言喻，就好像跟心愛的人結合在一起，會為他們賦予各種在沒有伴侶的普通生活中無法獲得

39　譯注：這句話出自《聖經·馬可福音，10:8》。

的能力似的。

　　即使說並非每個人在生命中都能擁有這種預言性的夢，但是對整個人類來說，這種夢想是真實存在的。未來的現實已經在當代青年的夢想中出現了徵兆。

　　近年來，我們已經習慣了生物進化，因此我們往往會認為年輕人只是在簡略地重現人類的歷史而已。已經被說爛的那句話——「個體發育是系統發育的重演[40]」——促使我們將注意力集中在了一個事實上，無論是動物還是人類，在發育過程中，年輕個體會經歷很多不同的階段，這些階段跟整個物種在進化的歷程中經歷的各個階段很相似。

　　這種說法沒有錯，但是年輕人還具有另外一種特性——對未來的預示性！

　　儘管每一顆年輕的心都期盼著在自己的一生中看到這些夢想化為現實的那一天，但是這些夢想似乎往往都由於無法實現而日漸褪色了……但是，造成這種狀況的原因在於年輕人空有一身妙不可言的力量，卻沒有實現夢想所必需的工具——知識。他們所具有的潛能也是如此，所以他們只能

40　譯注：這句話出自德國博物學家恩斯特·黑克爾（Ernest Haeckel, 1834-1919）。黑克爾是達爾文進化論的捍衛者和傳播者，早年在柏林、烏茲堡（Würzburg）和維也納學醫，曾師從著名學者繆勒（J. Müller）和克里克爾（R. A. von Klliker）。在出版於 1874 年的《人類發生或人的發展史》一書中，黑克爾提出了「生物發生律」（biogenetic law）（也叫「重演律」），認為「個體發育是系統發育簡短而快速的重演」、「生命是由無機物，即死的材料產生的」、「人類是由猿猴進化而來的，就像猿猴是由低等哺乳動物進化而來一樣」。

任由原本能夠創造奇蹟的潛能日漸退化，甚至衰亡。

但是，人類對自己的認識越準確，所有的青年人就越是有機會利用全人類累積的知識和經驗，開創自己的生活。

每一代沒有受到毒化，天真純潔的年輕人的身上都展現出了人類向上飛躍的輝煌理想，人類終將擁有實現這種理想所必須的知識，也終將意識到每一代人累積和篩選的智慧正是實現這種理想的工具。

到那時，年輕人將不再會受到無知和疏忽造成的各種錯誤和痛苦、無意識的自我毀滅行為的折磨，而今天我們的年輕人很少有人不受到這些問題的困擾。

我在人世的時間還不算太長，因此缺乏足夠的經驗，但是透過自己和他人的經歷，我了解到適時地掌握一些知識就能夠讓人們避免很多不必要遭受的痛苦。正是考慮到這一點，我才會在經驗不足、研究尚不完善的情況下就迫不及待地將我自己累積的一點點知識分享給讀者。儘管我日漸老去，這些知識對我本人的影響已經越來越小，但是它們或許有助於人類更好地理解自己。因此，儘管這本薄薄的作品還不完善，我還是敢斷言它蘊含著年輕人應懂得的一些重要知識。

在傳遞思想傳統和各種傳統的生命活動 —— 例如建造房屋、狩獵或者其他任何活動 —— 中，「本能」在朝著徹底消失的方向前進，人類的情況就是如此。

因此，在沒有他人傳授育兒知識的情況下，人類的母親照顧孩子的能力遠遠不如母貓照顧幼子的能力。但是，相比於母貓，人類的母親在最好的情況下能夠對自己的孩子履行無限的職責，產生無限的影響。

　　婚姻的情況也大致如此。由於長期遵循五花八門的「文明」傳統，我們的年輕人不僅失去了大部分原本透過本能就能獲得的知識，而且還被灌輸了大量的錯誤觀念和受到毒化的傳統。

　　對於如何教養孩子的問題，很多人都可以著書立說，對於如何應對婚姻的問題，卻沒有多少人有話要說，除了那些教條主義者，他們堅持的主張往往不是來自宗教教義，就是徹底違背了自然法則。

　　要想徹底了解有關婚姻的任何一個基本事實都是極其困難的事情，因為人類分化成了無數不同的類型，甚至同一種族中都存在著很多不同類型的人群，其中很多由於人為環境和非自然因素造成的類型十分普遍，因此我們將其稱為「文化」。對各種類型的婚姻狀況進行認真研究必將成為一項偉大的事業。一旦對這個問題展開研究，哪怕只是研究其中的一部分，很多人都會陷入一個錯綜複雜的迷宮，這個迷宮裡充滿了各種反常現象，因此研究者往往會無力顧及健康、浪漫的正常人的需求。

　　因此，每一對夫婦都很有可能會重演他們原本可以避免的錯誤，盲目地陷入各種困境中，無法脫身。這些錯誤和困境是由我們目前延續的不可理喻、愚蠢荒唐的傳統習俗所造成的，並不是人類所傳承的精華內容。

　　這本書的目標讀者是擁有正常健康的婚姻生活、思想樂觀、滿懷希望的男性和女性。

　　如果能夠汲取教訓，他們或許就不會落入已經毀掉許多人幸福生活的陷阱，但是他們不能因此就認為自己可以輕而易舉地獲得完美的婚姻。在相互適應對方的過程中，任何兩個個體都會遭遇無數微妙的問題。

　　每一對夫妻都必須透過最溫柔、最細膩的接觸表明自己的態度，試探對方的態度，透過自己的方式了解彼此複雜微妙的心。

　　有時候，即使掌握了人類的全部知識，懷著世上最美好的心願，已婚的男女還是會發現自己無法融入對方的生活。我沒有在本書中對這種悲劇進行論述，但是我相信對正常的夫妻來說，只要從結婚的第一天起，雙方在相互適應的過程中，能夠運用必要的知識，採用溫柔的方式解決各種問題，他們就會減少遭遇不幸婚姻的可能性。

　　我們所具有的最深層也是最強大的力量驅使我們不斷朝著更高貴、更脆弱的方向進化，將其當作整個社會的理想，

這個方向就是終身一夫一妻的生活方式。溫柔體貼、通情達理的人肯定會努力安慰沒能經歷這個令人喜悅的自然發展過程的人，但是對枝節問題充滿熱情的改革者，絕不能忘記人類發展的主要目標。年輕人對愛的美好感覺應受到鼓勵，同時他們也應該有機會掌握呵護養育愛的知識，而不是將注意力轉向呼喚所謂的「自由」的喧鬧聲，從而將愛毀滅。

幻滅的中年人習慣將目光集中在婚姻關係的物質方面，只透過日常經驗散發的冰冷黯淡的光，打量婚姻堅硬的表面；對婚姻的夢想令年輕人光芒四射，他們不知道自己對婚姻所懷有的天堂般美好幻想必然會遭遇到真正的物質現實，到那時他們的夢想可能又會被徹底粉碎。

但是，在一定程度上，用天堂般的美好幻想改變物質現實這種事情是人類力所能及的事情，就連當今社會不完美的人也有能力做到這一點。只要夫妻能夠同時運用知識和愛情建設婚姻，新的社會單位 —— 夫妻 —— 所擁有的快樂就能夠從交合的肉體這個實在的物理層次上升到天堂，在那裡，婚姻將戴上星辰王冠。

第十一章　知識與自由

注釋

　　如果夫妻二人在精神和心理上都極其親密，對彼此的感覺也十分和諧，這時他們應該採取怎樣的姿勢進行交合呢？男人和女人面對面，凝視著彼此的眼睛，溫柔地親吻著對方的嘴唇，手臂環繞著對方。這樣的姿勢意味著夫妻二人正享受著交合的喜悅。在文明社會中，交合時男性通常都會處於女性的上方，女性躺在男性的身下。社會上存在著一種奇怪的觀點，認為雙方的位置顛倒過來就成了一種「不道德」或者「可恥」的體位。但是，奧維德[41]就建議身材矮小的女性採用這樣的姿勢。無疑，對體格纖弱、容易受傷的女性來說，女上男下的體位能夠讓她們享受到的快感遠遠多於男上女下的體位。採用這種體位時，只有身體纖弱靈活、非常了解性挑逗的魅力和技巧的女性才有可能帶給男性極大的滿足。如果能滿足這個條件，他們的性愛有可能就會十分優美細膩，那一幕就如同飄在空中的女神黛安娜俯下身子親吻恩狄米翁[42]一樣充滿詩意、妙不可言。

41　譯注：奧維德（Publius Ovidius Naso，前 47-17），古羅馬詩人。年輕時在羅馬學習修辭，對詩歌充滿興趣，於西元 1 年發表了描寫性愛技巧的《愛的藝術》，傳授引誘及私通之術，與奧古斯都推行的道德改革政策相衝突。西元 8 年被流放到黑海邊的托彌（Tomi），10 年後抑鬱而死。

42　譯注：恩狄米翁（Endymion，又譯作「安狄明」），希臘神話中的美男子，牧羊人。有關恩狄米翁最著名的傳說，就是他與月亮女神（對應羅馬神話中的黛

令人感到不可思議的是，人們普遍認為當今社會受過教育的男性就應該拒絕接受這種體位 —— 拒絕的理由顯然來自神學理論。一位身為妻子的女性告訴我，在性交的過程中她的丈夫狠狠地壓在她的身上，幾乎令她窒息了，所以每次性交結束幾小時後她才能恢復過來，可是她的丈夫「根據原則」拒絕嘗試任何其他形式的體位，他只能接受在他看來唯一正常的體位。

或許沒有多少人意識到不同的個體在身材、體型和性器官所在的位置等方面存在多大的差異，實際上個體在這些方面的差異，甚至超過了個體在五官和雙手的尺寸、特徵等方面存在的差異。因此，適合大多數人的體位偏偏就是不適合其他一些人，比方說，有些人只能在側躺的狀態下享受到性交的快感。儘管從醫學的角度來看，側交體位通常不利於受孕，甚至對受孕造成阻礙作用，但是我知道一些女性一直在採用這種體位，而她們都已經生育了好幾個孩子。在性交體位的問題上，每一對夫婦都應該在各式各樣的體位中找到最適合自己的體位。

歡迎讀者致信給我，透過自己的親身經歷為我的觀點提供證據和實例，或者糾正我的謬誤。要想獲得科學知識，我

安娜）的戀情，由於受到懲罰，恩狄米翁長眠不醒，但是永保青春，每夜在睡夢中與月神相會。

們就必須對大量個案進行研究。

我相信我針對性慾重現週期規律提供的圖表，忠實地反映了正常健康的女性的基本生理節奏，但是我們必須記住一點：這是一套全新的理論，每一個真實可信的實例都非常寶貴，無論它能夠證實還是駁斥這套理論。我會對所有的讀者來信高度保密。

瑪麗・史托普斯

◖附：周作人談《結婚的愛》

《結婚的愛》（*Married Love*）是我近來所見最好的書籍之一。著者斯妥布思女士（Marie Stopes）（現譯為瑪麗·史托普斯）是理學及哲學博士，又是皇家文學會及植物學會員，所著書在植物學方面最多，文學方面有劇本數種，最後是關於兩性問題的書：《結婚的愛》講夫婦間的糾葛，《聰明的父母》講生產限制，《光輝的母性》講育兒。《結婚的愛》出版於一九一八年，我所見到的去年六月新版，已是第一百八十一千裡的一本了。

「性的教育」的重要，現在更無須重說了。但是只明白了性的現象，而不了解性的法則，其結果也只足以避免性的錯誤，至於結婚後的種種糾葛仍無可免。半開化的社會的兩性關係是男子本位的，所以在這樣的社會裡，正如晏殊君曾在《婦女雜誌》（三月號）上所說，女子「被看作沒有性慾的」，這個錯誤當然不言而喻了。文明社會既然是男女平等的，又有了性的知識，理論應該是對了，卻又將女性的性慾看作和男性一樣的，—— 這能說是合於事理嗎？據《結婚的愛》的著者說，這不但不合，反而是許多不幸的根源。性的牽引本來多在於二者之差異，但這當初牽引的差異後來即

為失調的原因。異性的要求不全一致，戀愛的配合往往也為此而生破裂，其餘的更不必說了。《結婚的愛》便是想去解決這個糾葛的一篇論文，她的意見，簡單說來是主張兩性關係應是女子本位的。

本書重要的話，都在第四、五兩章裡。現在有許多學者都已知道兩性的性慾差異，男子是平衡的，女性是間歇的。第四章名《根本的衝動》（現譯為《最根本的活動》），便是專門研究這個問題的，根據精密的調查，發現了一種定期規律，卻與以前學者們所說的全然不同。第五章名《相互的調節》（現譯為《相互適應》），是最切要的一章，寫得非常大膽嚴肅。篇首引聖保羅《與羅馬人書》的一句，「愛是不加害於人的」，可以說是最深切的標語。有些人知道兩性要求的差異，以為不能兩全，只好犧牲了一方面，「而為社會計，還不如把女子犧牲了」。大多數的男子大約贊成這話，但若如此，這絕不是愛了，因為在愛裡只有完成，絕沒有犧牲的。要實現這個結婚的愛，便只有這相互的調節一法，即改正兩性關係，以女性為本位。這雖然在男子是一種束縛，但並非犧牲，或者倒是祝福。我們不喜那宗教的禁慾主義，至於合理的禁慾原是可能，不但因此可以養活純愛，而且又能孕育夢想，成文藝的種子。我想，慾是本能，愛不是本能，卻是藝術，即本於本能而加以調節者。向來的男子

多是本能的人；向來的愛只有「騎士的愛」才是愛，一落在家庭裡，便多被慾所害了。卡薩諾瓦（Giacomo Casanova）是十八世紀歐洲的一個有名的蕩子，但藹理斯[43] 稱他「以所愛婦女的悅樂為悅樂而不耽於她們的供養」，所以他是知愛的人。這「愛之術」（Ars Amatoria）以前幾乎只存在草野間了，《結婚的愛》可以說是家庭的愛之術的提倡傳授者。

《結婚的愛》是一本「給結婚的男女看的書」，所以我不多抄錄她的本文了。《不列顛醫學雜誌》批評地說，「在已結婚或將要結婚的人，只要他們在精神身體上都是正則的，而且不怕去面事實，這是一部極有益的書。」因此我也將她介紹給有上面所說的資格的人們。不過我還有一句廢話，便是要請他們在翻開書面之前，先自檢查自己的心眼乾淨與否。聖保羅說：「凡物本來沒有不潔淨的，唯獨人以為不潔淨的，在他就不潔淨了。」藹理斯在《聖芳濟及其他論》中說，「我們現在直視一切，覺得沒有一件事實太卑賤或太神聖不適於研究的。但是直視某種事實卻是有害的，倘若你不能潔淨地看。」以上也就是我的忠告。

（我很怕那些大言破壞一切而自己不知負責，加害與人的，所謂自由戀愛家的男子。）

《結婚的愛》布面的價三元餘，紙面的二元，以英國版

43　編注：今譯靄理士。

為佳，因為我的一本《光輝的母性》系美國版，其中有刪節的地方，所以推想美國版的《結婚的愛》一定要刪節的更多了。（聽說因為他們有一種什麼猥褻條例。）英國詩人凱本德（Edward Carpenter）的《愛的成年》（*Love's Coming of Age*）前回曾連帶地說起過，也是有益的書。原本英國出版，美國《現代叢書》（*Modern Library*）裡也收著，價一元餘。曾經郭須靜君譯出，收在《晨報社叢書》內。但是已經絕版了；聽說不久擬校訂重印，希望他早日成功，並且能夠更多有力的傳達那優美純潔的思想到青年男女中間去。

編注：《結婚的愛》即《性的尊重》。1924 年引進中國，將其直譯為《結婚的愛》，但這個譯法容易引起歧義，是說結婚這個行為帶來的快樂呢，還是其他呢？故編者在編輯過程中，再三考量，又結合副標題 *A New Contribution to the Solution of Sex Difficulties*，譯為《性的尊重》。

電子書購買

爽讀 APP

國家圖書館出版品預行編目資料

性的尊重：感情經營 × 親密互動 × 慾望滿足，二十世紀優生學專家瑪麗·史托普斯談婚姻中的「性」 / [英] 瑪麗·史托普斯（Marie Stopes）著，徐海嶸 譯 . -- 第一版 . -- 臺北市：崧燁文化事業有限公司, 2023.09
面；　公分
POD 版
ISBN 978-626-357-614-8(平裝)
1.CST: 性知識 2.CST: 性教育 3.CST: 女性
544.72　　112013614

性的尊重：感情經營 × 親密互動 × 慾望滿足，二十世紀優生學專家瑪麗·史托普斯談婚姻中的「性」

臉書

作　　者：[英] 瑪麗·史托普斯（Marie Stopes）
翻　　譯：徐海嶸
發 行 人：黃振庭
出 版 者：崧燁文化事業有限公司
發 行 者：崧燁文化事業有限公司
E - m a i l：sonbookservice@gmail.com
粉 絲 頁：https://www.facebook.com/sonbookss/
網　　址：https://sonbook.net/
地　　址：台北市中正區重慶南路一段六十一號八樓 815 室
Rm. 815, 8F., No.61, Sec. 1, Chongqing S. Rd., Zhongzheng Dist., Taipei City 100, Taiwan
電　　話：(02) 2370-3310　　傳　　真：(02) 2388-1990
印　　刷：京峯數位服務有限公司
律師顧問：廣華律師事務所 張珮琦律師

定　　價：250 元
發行日期：2023 年 09 月第一版
◎本書以 POD 印製
Design Assets from Freepik.com